www.tredition.de

AF201991

Rolf-Uwe Kurz

Vom Fasanenhof zum Justizzentrum

Standortgenese der Liegenschaft Jägerallee 10-12 in Potsdam

Ein „Genius loci" für die Justiz?

www.tredition.de

© 2019 Rolf-Uwe Kurz

Verlag und Druck: tredition GmbH, Halenreie 40-44, 22359 Hamburg

ISBN
Paperback: 978-3-7497-9024-1
Hardcover: 978-3-7497-9025-8
e-Book: 978-3-7497-9026-5

**Affert autem
vetustas omnibus in rebus longinqua
observatione incredibilem scientiam.**

(Die Tradition birgt aufgrund lang dauernder

Beobachtung unglaublich viel Weisheit.)[1]

Iustitia est multis laudata, domestica paucis.

(Gerechtigkeit wird von vielen gepriesen, aber

nur von wenigen gelebt.)[2]

---

[1] Cicero, De divinatione 1.109

[2] Palingenius, Zodiacus vitae, 6.479

INHALT

VORWORT

An Publikationen, die historische Entwicklungen und Zusammenhänge aufzeigen, besteht kein Mangel und lokalhistorische Abhandlungen findet man heute über nahezu jeden Ort, der sich mit mehr oder weniger Berechtigung einer Traditionslinie berühmen kann. Insbesondere ein so bedeutsamer Ort wie die ehemalige Residenz- und heutige Landeshauptstadt Potsdam, einst neben Berlin das Verwaltungs- und Militärzentrum Preußens, ist Gegenstand einer Flut historischer Schriften. Dabei verschmelzen fast zwangsläufig Lokal- und Landesgeschichte. Will man sich - wie vielfach geschehen - unterhalb der Ebene einer Landes- oder Stadtchronik einzelnen Liegenschaften unter einem nicht nur kunsthistorischen, sondern auch die politische und funktionale Historie betrachtenden Blickwinkel nähern, so bieten sich zahlreiche Schlösser und Residenzen an, die zum Teil als Weltkulturerbe allgemein bekannt sind. Welches Interesse kann angesichts eines so großen Angebots herausragender historischer Denkmäler im Raum Potsdam geweckt werden, sich mit der Liegenschaft Jägerallee 10 - 12, dem heutigen Sitz des Justizzentrums Potsdam, zu befassen? Liegt eine Standortgenese nicht allenfalls im Partikularinteresse derjenigen, die dort tätig sind oder waren? Oder kann eine Befassung mit der Liegenschaftshistorie gesellschaftliche und politische Bezüge aufzeigen, die es rechtfertigen, die Örtlichkeit in einen nicht nur stadthistorischen, sondern sogar nationalen Kontext zu stellen?

Wer heute mit dem Justizzentrum Potsdam visuell Kontakt aufnimmt, sei es als Passant oder Besucher, der kennt in der Regel weder die bewegte Genese der Liegenschaft, noch den einstigen Errichtungszweck des in seiner denkmalgeschützten Fassade noch erhaltenen Gebäudes. Allerdings fällt dem interessierten Betrachter, der schon andere historische Justizgebäude besichtigt hat, sofort auf, dass es sich um eine für ein Justizgebäude ungewöhnliche Fassade handelt. Erhaltene historische Justizgebäude wurden meist in der zweiten Hälfte des 19. Jahrhunderts errichtet, den damaligen Bedürfnissen der Justiz entsprechend wesentlich kleiner als der historische Teil des Justizzentrums Potsdam, dafür jedoch künstlerisch aufwendiger gestaltet. Wer sich einen Eindruck von einem historischen „Justizpalast" verschaffen möchte, braucht nur das in unmittelbarer Nähe in der Hegelalle in Potsdam gelegene ehemalige Landgerichts- und heutige Amtsgerichtsgebäude aufzusuchen, das 1883 im Stil der Hochrenaissance errichtet und mit reichhaltigem bildnerischen Schmuck versehen wurde. Die für ein historisches Justizgebäude atypische Größe und klassizistische Gliederung des Justizzentrums Potsdam muss daher überraschen und die Neugier des Betrachters wecken. Als kurze Zeit nach der Eröffnung des Justizzentrums Potsdam im Jahr 2008 eine hochrangig besetzte Justizdelegation aus Kasachstan, die europäische Justizstandorte bereiste, um sich für eigene Bauvorhaben inspirieren zu lassen, die Liegenschaft besuchte, wurde das „Befremden" über das Gebäude sehr treffend durch den Ausspruch, es handele sich um eine moderne und sehr zweckmäßige, jedoch schmucklose Anlage, zum Ausdruck gebracht.

Ist das Interesse für dieses ungewöhnliche Justizzentrum erst einmal geweckt, so stößt man bei näherer Befassung schnell darauf, dass die Entwicklung der Liegenschaft eng mit der preußisch-deutschen Geschichte verzahnt ist. Fast alle preußischen Regenten haben die Liegenschaft betreten. Deutschlands letzter Kaiser hat sie sogar „belegen". Die Liegenschaft steht ebenso für höfische Kultur wie militärische Ausbildung und Tradition. Sie ist Ausgangspunkt militärischer und polizeilicher Innovationen. Wer die längste und nachhaltigste Phase ihrer militärischen Nutzung als Unteroffizierschule Potsdam ohne ideologische Voreingenommenheit betrachtet, erhält ein anschauliches Zeugnis von der Qualität und Fortschrittlichkeit preußischer Militärpädagogik und versteht, weshalb das preußisch-deutsche Militär lange Zeit als „Schule der Nation" gelten konnte. Später hat die Epoche deutscher Gewaltherrschaft auf die Liegenschaft ausgestrahlt und schließlich auch bei dem Liegenschaftsverantwortlichen einen Aufstand des Gewissens provoziert, der berechtigt, die Jägerallee 10 - 12 in Potsdam in einer Enumeration der Orte des Widerstandes gegen Gewaltherrschaft zu verzeichnen. Nach einer langen Phase sowjetischer Fremd- und Gewaltherrschaft eröffnete die deutsche Wiedervereinigung die Möglichkeit einer Neuorientierung hinsichtlich der Nutzungsbestimmung, die schließlich 2008 zur Eröffnung des Justizzentrums Potsdam führte. Obgleich damit erstmalig Justizeinrichtungen auf der Liegenschaft Einzug hielten, ist die Liegenschaftsgenese doch nicht gänzlich ohne juristische Vorbezüge. Immerhin lässt sich die Tätigkeit von zwei Juristen auf der Liegenschaft nachweisen, die zu unterschiedlichen Zeiten rechtliche und politische Akzente zu setzen vermochten.

Die Darstellung ist nicht abschließend. Eine vertiefte Befassung mit einzelnen Epochen der Liegenschaftsgenese würde voraussichtlich wesentliche Ergänzungen und Erweiterungen zu Tage fördern. Der hiermit vorgelegte Überblick soll jedoch zeigen, dass die Liegenschaft die politischen und gesellschaftlichen Entwicklungen der jeweiligen Zeit in einer Weise gespiegelt hat, wie es sonst allenfalls Residenzen vermögen, und die Betrachtung der Liegenschaftsgenese geeignet ist, historische Zusammenhänge von nationaler Bedeutung zu beleuchten.

Die Abhandlung möchte allerdings mehr als nur in rudimentärer Form die Interaktion zwischen dem Leben und Arbeiten auf der Liegenschaft und den jeweiligen politischen und gesellschaftlichen Konditionen abbilden. Sie möchte den Leser auch animieren, selbst sowohl über die für die Liegenschafsgenese essentiellen Rahmenbedingungen, als auch über die aktuellen Herausforderungen an die Justiz als derzeitiger Standortnutzer im Spiegel der Historie zu reflektieren. Dies impliziert, dass der Verfasser dort, wo Wertungen in Rede stehen, den Diskurs anstoßende deutliche Positionierungen vornimmt, die naturgemäß auch Widerspruch hervorrufen werden. Zeitgeschichtsschreibung ist dort, wo sie wertet und werten muss, die Fortsetzung des tagespolitischen Diskurses in pseudowissenschaftlicher Einkleidung, wobei sich der zusätzliche Erkenntnisgewinn des Historikers gegenüber dem Tagespolitiker darin erschöpft, eine der grundsätzlich niemals alternativlosen Entscheidungs- und Handlungsoptionen als bereits realisiert empirisch auswerten zu können. Allerdings sollten die Bewertungen auch als solche erkennbar und die Prämissen fundiert sein, was nicht erst seit der „Causa Relotius" keine Selbstverständlichkeit ist.

Die durch die Nutzungsgenese der Liegenschaft vorgegebene zufällige und willkürliche Verknüpfung preußischer Staats- und Militärgeschichte unter maßgeblicher Beteiligung der Regenten aus dem Hause Hohenzollern mit bundesrepublikanischen Justizeinrichtungen offenbart bei näherer Betrachtung eine erstaunliche Parallele. Sowohl die preußisch- deutsche Geschichte als auch die bundesrepublikanische Justiz haben unter dem gegenwärtigen Zeitgeist einen erheblichen Reputationsverlust zu beklagen. Die preußischen Regenten, die das Land unter höchstem persönlichem Einsatz zukunftsfähig machten, indem sie kolonisierten, die Verteidigungsfähigkeit herstellten und moderne Wirtschafts- und Verwaltungsstrukturen etablierten, kurz gesagt eine Infrastruktur schufen, von der wir heute noch unter allerdings immer größerem Substanzverlust zehren, werden als „Räuber" und „Wegbereiter deutscher Gewaltherrschaft" diffamiert. Die Justiz muss aktuell erleben, dass einerseits die sogenannte „Urteilsschelte" das Justizbild weiter Teile einer durch die mediale Öffentlichkeit zunehmend zu Respektlosigkeit und Missachtung fachlicher Qualifikationen animierten Öffentlichkeit prägt, jedenfalls wenn dem Parteiinteresse nicht entsprochen wird, und andererseits Politiker immer ungenierter Gerichtsentscheidungen, die vermeintlich nicht mit ihrer politischen Selbstdarstellung oder ihren politischen Zielen korrespondieren, in der Öffentlichkeit kritisieren, womit sie den Eindruck erwecken, es sei Aufgabe der Justiz, politische Gefälligkeitsentscheidungen zu treffen. Wer ein Beispiel sucht, wie man in einem Atemzug die preußischen Regenten und bundesrepublikanisches Recht unsubstantiiert diskreditiert, dem sei die Frankfurter Rundschau, ein meinungsbildendes Printmedium, das sich selbst als „Qualitätszeitung" definiert, empfohlen, in der man im Kontext mit der Berichterstattung über gerichtshängige Restitutionsansprüche des Hauses Hohenzollern folgende Interviewsequenz zwischen einem Redakteur und einer Historikerin lesen konnte: Journalist: „Diese Räuberbande, die Hunderte von Jahren sich nicht nur an der eigenen Bevölkerung bereichert hatte, stellt sich jetzt hin und verlangt dafür, dass man ihr ihr Raubgut abgenommen hat, eine Entschädigung." Antwort der Historikerin: „Das ist die Rechtslage".

Mir ist es angelegen, den Leser auf der Grundlage einer kleinen Standortgenese über eine bemerkenswerte Liegenschaft in

Potsdam zu vorurteilsfreien Reflexionen über den Standort berührende politische und gesellschaftliche Entwicklungen ohne ideologischen Tunnelblick und Dämonisierungen einzuladen. Ich habe versucht, historische Leistungen und Entwicklungen im Sinne Rankes aus ihrer Zeit, aus einer Gegenwart, die ihre Zukunft nicht kannte, zu betrachten, eingedenk der Postulation Jacob Burckhardts in seinen weltgeschichtlichen Betrachtungen, dass für den denkenden Menschen gegenüber der ganzen bisher abgelaufenen Weltgeschichte das Offenhalten des Geistes für jede Größe eine der wenigen sicheren Bedingungen des höheren geistigen Glückes sei.

Potsdam im Dezember 2019
Rolf-Uwe Kurz

I. EINLEITUNG

In dem umfassend restaurierten und umgestalteten historischen Kernbereich der Liegenschaft Jägerallee 10 - 12 in Potsdam domiziliert seit April 2008 die Staatsanwaltschaft Potsdam als Teil des Justizzentrums Potsdam. Unter Einbeziehung der neuen Anbauten sowie der restaurierten und umgestalteten historischen Erweiterungsbauten und Hofgebäude beherbergt die Liegenschaft neben der Staatsanwaltschaft auch das Verfassungsgericht des Landes Brandenburg, das Landgericht Potsdam sowie Teile des Amtsgerichts Potsdam.

Die Staatsanwaltschaft ist eine staatliche Behörde, der primär die Strafverfolgung obliegt. Ihre Entstehung ist eng verbunden mit der durch die Aufklärung beeinflussten Überwindung des Inquisitionsverfahrens. Die tradierte Rolle des Gerichts als gleichermaßen verfolgendes wie entscheidendes Justizorgan bedurfte vor dem veränderten Hintergrund eines im Geiste der Aufklärung unter Anwendung der Prinzipien der Mündlichkeit und Öffentlichkeit auf objektive Wahrheit und materielle Gerechtigkeit zielenden Strafprozesses der Revision. Notwendiges Korrelat eines sich nach außen unabhängig und unparteiisch manifestierenden Gerichts wurde die von dem Gericht separierte und eigenständige Verortung der Ermittlungsleitung und Vertretung der Anklage in der Hauptverhandlung bei der Staatsanwaltschaft. Obgleich die Staatsanwaltschaft als ein der dritten Gewalt zugeordnetes Organ der Rechtspflege angesprochen werden kann, ist sie - anders als das kraft Verfassung mit persönlicher Unabhängigkeit für jeden Richter ausgestattete Gericht - eine hierarchisch aufgebaute Justizbehörde, in der die staatsanwaltlichen Beamten den dienstlichen Anweisungen ihres Vorgesetzten nachzukommen haben und nicht in eigener Machtvollkommenheit handeln, sondern stets im Auftrag des ersten Beamten der Behörde, der einen Vorgang jederzeit an sich ziehen kann (Devolutionsrecht) oder einen anderen Beamten mit der dienstlichen Wahrnehmung beauftragen kann (Substitutionsrecht). Das Substitutionsrecht steht auch dem Landesjustizminister zu.

Bereits Struktur und Aufbau der Staatsanwaltschaft als hierarchisch verfasste Justizbehörde legten es bewusst oder unbewusst unter Äquivalenz- und Kontinuitätsgesichtspunkten nahe, diese - und nicht die Gerichtsbarkeit - in dem historischen Teil der Liegenschaft zu verorten, der, wie noch zu zeigen sein wird, in der längsten Zeit seiner bekannten Nutzung militärischen Zwecken vorbehalten war. Ungeachtet aller funktionalen und methodischen Unterschiede zwischen Justiz und Militär wird gemeinhin eher die Staatsanwaltschaft als das Gericht mit militärischen Attributen assoziiert. Diese gelegentlich bis zur Polemik gesteigerten und bisweilen auch von der Richterschaft kultivierten Vorstellungen haben eine lange Tradition. Es ist die Rede von „Scharfmachern" oder „schneidigen, karrierebewussten und verfolgungswütigen" Staatsanwälten, denen ob ihrer Fixierung auf die Paragraphen alle Menschlichkeit fremd geblieben sei und die in subalternem Pharisäertum Freisprüche als Niederlagen und Bestrafungen als Erfolge verstünden. Exemplarisch sei hier auf eine bereits aus dem Jahr 1984 stammende Kommentierung eines Journalisten in der Deutschen Richterzeitung verwiesen, in der es heißt: „Staatsanwälte sind nicht die Lieblinge der Nation. Als fleischgewordene Racheengel erscheinen sie manchem Beschuldigten und Angeklagten, der freie Advokat rümpft nicht selten die Nase über die weisungsgebundenen Beamten und aus Richtermund hört man immer wieder den scherzhaft-boshaften Spruch von der Staatsanwaltschaft als Kavallerie der Justiz: schneidig und dumm."[3] Gerade das provokante Bild von der juristischen Kavallerie zeigt anschaulich die auf die Staatsanwaltschaft projizierte militärische Sichtweise, kündet allerdings auch von fundamentaler Unkenntnis sowohl der Staatsanwaltschaft als auch der Kavallerie. Weder die Staatsanwaltschaft noch die Kavallerie lassen sich, wie offenbar insinuiert, auf einen unreflektierten und konzeptionslosen Angriffsgeist reduzieren. So wie die Kavallerie über den gesamten Zeitraum ihrer militärischen Relevanz in ihren unterschiedlichen Erscheinungsformen auch immer fortschrittliche und innovative Operationskunst im Einklang mit der jeweils aktuellen taktischen und strategischen Gesamtkonzeptionen repräsentiert hat, ist das staatsanwaltliche Beurteilungsspektrum ein objektiv ganzheitliches als eine Art „Richter vor dem Richter". Im Übrigen war auf der Liegenschaft in der Zeit

---

[3] Michels, zitiert bei Rautenberg, Deutsche Richterzeitung 2014, S. 215

der militärischen Nutzung entgegen medialer Berichterstattung, in der es heißt, dort hätten „einst Schlachtrösser geschnaubt", niemals Kavallerie stationiert. Der ehemalige Pferdestall für die Offiziere hatte dieselbe funktionale Bedeutung wie die heutige Tiefgarage.

Während die staatsanwaltliche Binnenstruktur und das interne Substitutionsrecht weitgehend im Kern als sachgerecht akzeptiert werden, gilt dies - außerhalb der Justizministerien - für das externe Weisungsrecht der Justizminister nicht. Dass in Zeiten, in denen - nicht zum Vorteil der Handlungsfähigkeit und Verlässlichkeit des Gemeinwesens - tendenziell von hierarchischen und klaren politischen Strukturen Abstand genommen wird zugunsten „runder Tische" und mediationsbasierter „Kompetenzteams" ohne repräsentative Legitimation, gleichwohl das externe Weisungsrecht der Justizminister Bestand hat, wenn auch unter ständiger Betonung, dass von dem Einzelweisungsrecht praktisch kein Gebrauch gemacht werde, überrascht nur auf den ersten Blick. Insoweit hat der ehemalige Generalstaatsanwalt des Landes Brandenburg treffend ausgeführt, die nach wie vor aktuelle und gewünschte Bedeutung des externen Weisungsrechts bestehe darin, dass es nicht nur durch seine förmliche Ausübung, sondern bereits durch seine bloße Existenz politische Einflussnahmen ermögliche. Es bilde die rechtliche Grundlage dafür, dass sich Justizminister umfänglich von der Staatsanwaltschaft über alle politisch bedeutsamen Fälle unterrichten lassen dürfen. Diese durch das sogenannte Berichtswesen erlangten detaillierten Verfahrenskenntnisse, die auch datenschutzrechtlich bedenklich erschienen, ermöglichten subtile Einflussnahmen des Justizministers unterhalb der förmlichen Einzelfallweisung in Gestalt von „Wünschen", „Empfehlungen", „Ratschlägen" und „Warnungen", die natürlich auch bei einem untergeordneten Staatsanwalt, der sich eine Beförderung erhoffe, Wirkung entfalten und zu „vorauseilendem Gehorsam" führen könnten.[4] Die Grenzen der Akzeptanz werden im Übrigen auch dort tangiert, wo in das akademisch geprägte Berufsbild des Staatsanwalts, dessen Eingangsamt dem militärischen Rang des Oberstleutnants entspricht, und der als

---

[4] Rautenberg, Deutsche Richterzeitung 2014, S. 217

Jurist befähigt und berufen ist, mittels Subsumtion das Gesetz und die darauf beruhenden Rechtsverordnungen anzuwenden, dergestalt eingegriffen wird, dass in Form von Erlassen, Aufträgen und Hausverfügungen Weisungen erteilt werden, die über eine notwendige Rechtmäßigkeits- und Verhältnismäßigkeitskontrolle hinaus zunehmend den vom Gesetz eröffneten Beurteilungsspielraum einschränken und primär den Zweck verfolgen, in einer medial dominierten Gesellschaft durch größtmögliche Reglementierung von Beurteilungs-konstellationen Repräsentanten der Justiz a priori für den Fall zu exkulpieren, dass „medial unerwünschte" staatsanwaltliche Entscheidungen getroffen werden. Dafür nehmen die Justizverwaltungen auch billigend in Kauf, dass das staatsanwaltliche Berufsbild von einem akademischen Bearbeiter zu einem subalternen Sachbearbeiter degeneriert.

Die Problematik stellt sich in dieser Schärfe für die Richter nicht. Sie unterliegen keinem Weisungsrecht. Gemäß Art. 97 Abs. 1 Grundgesetz sind Richter unabhängig und nur dem Gesetz unterworfen. Gleichwohl sind auch sie Beeinflussungsversuchen ausgesetzt. Ungeachtet der dogmatischen Unabhängigkeit genießt die völlige faktische Unabhängigkeit nur der Richter, der auf Lebenszeit ernannt ist und keine Veränderungsambitionen besitzt. Wer obergerichtlich oder ministeriell erprobt werden möchte und Beförderungsämter anstrebt, wird nach dem Wohlwollen der fachlichen und politischen Entscheidungsträger trachten und tatsächliche oder vermeintliche, ausdrücklich erklärte oder konkludent angedeutete Erwartungshaltungen reflektieren. Dies gilt im Übrigen für staatsanwaltliche Beförderungsambitionen nicht minder. Hinzu tritt sowohl für Gerichte als auch für Staatsanwaltschaften ein subtiler medialer Druck auf die Entscheidungsfindung, dem es zu widerstehen gilt. Dieser mediale Druck bezieht seine scheinbare Legitimation zum einen aus einer selbst kreierten und publizierten öffentlichen Erwartungshaltung, die den „Willen des Volkes" für sich reklamiert, und zum anderen aus einer angemaßten medialen „Wächterfunktion", die eine faktische Fachaufsichtskompetenz einfordert.

Dies sei vorausgeschickt, um bei der folgenden Betrachtung der Liegenschaftsgenese den Blick für eine sukzessive und finale

Reflexion zu schärfen, ob die historischen Erkenntnisse ressort- und nutzungsübergreifend Impulse für aktuelle Problemstellungen der Justiz am Standort zu geben vermögen und inwieweit es einer - bislang fehlenden - Erinnerungskultur bedarf.

II. FASANERIE

Erkenntnisse über vor- und frühgeschichtliche Nutzungen auf der Liegenschaft Jägerallee 10-12 in Potsdam fehlen und wären wohl auch nur durch archäologische Grabungen zu gewinnen, wobei die Wahrscheinlichkeit, auf Funde aus dieser Zeit zu stoßen, eher gering sein dürfte; befassen wir uns doch mit einem bis in die Neuzeit außerhalb der Stadtmauern und somit des städtischen Siedlungsgebietes gelegenen Areal. Bronzezeitliche Siedlungsreste sind bislang nur für den Alten Markt in Potsdam und die Nuthemündung als Fischerdomizil bekannt. Weder für die auf der Siedlungsinsel nachgewiesene frühslawische Burg, noch für die frühmittelalterliche Stadt, die erstmalig in einer - allerdings bezüglich der Echtheit streitigen - Urkunde des römisch-deutschen Königs Otto III. vom 3. Juli 993 über „Potzdupimi" als Schenkung für die Abtei Quedlinburg Erwähnung findet[5], ist eine Bedeutung des Standortes Jägerallee 10 - 12 bekannt oder auch nur anzunehmen. Von essentieller Bedeutung mit erheblicher Fernwirkung für den Standort Jägerallee 10 - 12 wurden jedoch zwei Ereignisse in mittelalterlicher Zeit und früher Neuzeit, die zunächst noch keinen sichtbaren Ausdruck auf der Liegenschaft fanden. Am 8. Juli 1411 übertrug der römisch-deutsche Kaiser Sigismund die Verwaltung der Mark Brandenburg an Friedrich VI. Graf von Hohenzollern und Burggraf von Nürnberg, der 1415 als Kurfürst von Brandenburg inauguriert wurde. Damit übernahm ein Geschlecht die politische Verantwortung für die Mark Brandenburg, das sich durch eine Reihe besonders tatkräftiger und reformfreudiger Herrscher auszeichnen und als Kurfürsten, Preußische Könige und Deutsche Kaiser bis 1918 das Land prägen sollte. Das zweite Ereignis ist der von 1618 bis 1648 dauernde 30-jährige Krieg, der als Glaubensauseinandersetzung begann und zu einem kontinentalen Krieg um Machtpositionen in Europa eskalierte. Im Rahmen dieser Auseinandersetzung wurde das im Schnittpunkt zwischen den „Südstaaten" der katholischen Liga und den „Nordstaaten" der protestantischen Union gelegene Kur-

---

[5] Vgl. - auch zu folgenden Ereignissen der Stadtgeschichte - Potsdam-Chronik

fürstentum Brandenburg zum Frontstaat und die Stadt Potsdam mehrfach von durchziehenden militärischen Verbänden geplündert und verwüstet. Hinzu trat eine Pestepidemie im Jahre 1631, in deren Folge von 1000 Einwohnern 308 verstarben. Am Ende des 30-jährigen Krieges waren in Potsdam nur noch 79 Häuser bewohnt. Kaum ein Ereignis hat die regierenden Hohenzollern so nachhaltig beeinflusst, wie die während des 30-jährigen Krieges erlittene Not verbunden mit der Erfahrung der Schutzlosigkeit und militärischen Ohnmacht ohne ein schlagkräftiges, stehendes Heer. Hier liegen die Wurzeln für eine konsequente Reformpolitik, die einerseits zum Aufbau einer im europäischen Vergleich modernen Verwaltungsstruktur und Leistungsgesellschaft und andererseits zur Schaffung einer der schlagkräftigsten europäischen Streitkräfte trotz ungünstiger territorialer und personeller Ressourcen führte, eingedenk der römischen Staatsdoktrin, die in neuzeitlichen Abschreckungsstrategien weiterlebt: „si vis pacem, para bellum!".[6]

Dokumentierte Bedeutung erlangte der Standort Jägerallee 10 - 12 erstmalig 1671, allerdings noch nicht in militärischem Kontext, sondern im Rahmen des Ausbaues der im 30-järigen Krieg schwer geprüften Stadt zu einer brandenburgisch-kurfürstlichen Residenzstadt unter der Herrschaft des Großen Kurfürsten. Kurfürst Friedrich Wilhelm, der später der Große Kurfürst genannt wurde, löste Potsdam aus dem Pfandbesitz der Adelsfamilie von Hake aus und erwählte die Stadt neben Berlin zu seiner Residenz. Die Wertschätzung des Großen Kurfürsten für Potsdam manifestiert sich nicht allein in dem Aufschwung, den die Stadt unter seiner Regentschaft nahm, sondern ist auch in den Schulheften seines Sohnes, des späteren ersten Königs in Preußen, anschaulich dokumentiert. Ausgangspunkt für die Entwicklung Potsdams war die Entscheidung des Kurfürsten, einen Schlossbau zu errichten und ab 1671 auch die Winter in Potsdam zu verbringen. Für das Jahr 1671 weist die Potsdam-Chronik aus, dass in der „churfürstlichen Freiheit" die ersten Häuser für die durch den Schlossbau umgesiedelten Einwohner und für die Angehörigen des Hofstaates errichtet worden seien. Ebenfalls für das Jahr 1671 ver-

---

[6] Wenn du den Frieden willst, bereite den Krieg vor.

zeichnet die Potsdam-Chronik für den hier interessierenden Standort, die heutige Jägerallee 10 - 12, folgenden Eintrag: „Außerhalb des Stadtgebietes entsteht im kurfürstlichen Fasanengarten die Fasanerie."

Vielfach wurden die Begriffe Fasanengarten und Fasanerie synonym verwendet als Bezeichnung für einen umgrenzten, häufig planmäßig angelegten Bezirk, in dem Fasane gehalten werden. Hierbei wurde unterschieden zwischen wilden Fasanerien, in denen die Tiere sich selbst überlassen blieben, wobei auf Gebäude verzichtet werden konnte und allenfalls Stände für die Winterfütterung errichtet wurden, und zahmen Fasanerien. Zahme Fasanerien waren zum Schutz und zur Bewahrung der Fasane immer umzäunt und enthielten meist die zur Aufzucht und Pflege der Fasane erforderlichen Gebäude und Ausläufe. Zu einer zahmen Fasanerie gehörten in der Regel die Wohnung des Fasanenmeisters, ein Kuhstall, Scheunen und Futterkammern, ein heizbares Fasanenhaus für Fütterung und Unterschlupf, ein Zwinger für die Fasanenhennen mit ihren Jungen, ein Bruthaus und ein Hühnerhaus für Trut- und Haushühner, die Fasaneneier auszubrüten hatten.[7] Wird nun - wie in der Potsdam-Chronik für das Jahr 1671 - von der Errichtung einer Fasanerie im Fasanengarten gesprochen, so dürfen wir davon ausgehen, dass es sich um eine zahme Fasanerie handelte, zu der auch die Errichtung von Gebäuden gehörte. Der ursprünglich synonym für Fasanengärten benutzte Begriff Fasanerie wurde nämlich auch für Bauten an zentraler Stelle innerhalb eines Fasanengartens gebräuchlich. Die Bestätigung der Annahme findet sich bei Kania, der in seinen Ausführungen über den „Fasanenzwinger in Sanssouci" darauf hingewiesen hat, dass es sich bei der alten Fasanerie des Großen Kurfürsten in der Jägerallee um ein Schlösschen gehandelt habe, in dessen anschließenden Langflügeln die Zwinger für die prächtigen Ziervögel untergebracht gewesen seien.[8] Da zahme Fasanerien

---

[7] Herget / Busch, Fasanerie in Reallexikon zur Deutschen Kunstgeschichte, Bd. VII, S. 4376 ff.

[8] Baller / Reinholz, Das alte Potsdam des Prof. Dr. Hans Leopold Kania, Band 3, S. 159

nur dort errichtet werden sollten, wo Morgen- oder Mittagssonne, fließendes Wasser, Wiesen und Äcker, ein Baumbestand zum Aufsitzen und Unterholz zum Unterschlupf gewährleistet waren, kann die heutige Liegenschaft Jägerallee 10 - 12 als ein bewusst ausgesuchter und in gewisser Weise von der Natur privilegierter Standort angesprochen werden. Primär dienten Fasanerien dem Adel als mit schönen Vögeln bevölkerte Ausflugsziele. Häufig waren die in zahmen Fasanerien aufgezogenen Tiere jedoch auch zum Jagdwild bestimmt. War die Fasanenhaltung von Anfang an durch Rechtsverordnungen dem höheren Adel vorbehalten, so wurde jedenfalls seit Beginn der Neuzeit die Fasanenjagd der Hohen Jagd zugerechnet. Dass schon die alte Potsdamer Fasanerie in späterer Zeit auch jagdlichen Zwecken gedient haben könnte und jedenfalls untrennbar mit der höfischen Jagd verbunden war, verdeutlichen sowohl der unter der Regierung des Königs Friedrich Wilhelm I. am selben Ort 1729 errichtete Jägerhof und die Unterstellung des Fasanenmeisters unter den Hofjägermeister als auch die bis heute erhalten gebliebene Standortbezeichnung Jägerallee, die vom nahe gelegenen Jägertor kommend den Weg zur herrschaftlichen Jagd markierte. Das von Pierre de Gayette 1733 am Beginn der Jägerallee im Stil des Barock errichtete Jägertor symbolisiert treffend die militärischen und jagdlichen Ambitionen des Soldatenkönigs. Während die bekrönende Jagdszene als Referenz an die Jagdleidenschaft und den kurz zuvor errichteten Jägerhof zu verstehen ist, sind die flankierenden Fahnenbündel mit Granaten den Grenadieren vom Königsregiment (No.6), den berühmten „Langen Kerls", gewidmet.

Bevor auf den zunächst noch örtlich mit der Fasanerie verzahnten Jägerhof eingegangen werden soll, ist zunächst das weitere Schicksal der Fasanerie kurz zu beleuchten. König Friedrich Wilhelm I. ließ im Jahre 1713 660 Fasane aus den aufgelösten Fasanengärten in Oranienburg, Schönhausen und Zossen in den Potsdamer Fasanengarten bringen. Allerdings währte diese Blütezeit der alten Fasanerie in der Jägerallee nicht lange. Jedenfalls nach Fertigstellung des nach königlichen Skizzen von dem Architekten Georg Wenzeslaus von Knobelsdorff im Rokokostil zwischen 1745 und 1747 errichteten Sommerschlosses „Sanssouci" ließ König Friedrich II. die Fasane nach „Sanssouci" bringen. Für den Fasanenmeister entstand eine aus Abbruchmaterial der Küchengartengebäude und des Schießhauses errichtete Dienstwohnung in der Maulbeerallee. Das wenig ansehnliche Fachwerkhaus erhielt 1775, als bereits erste Reparaturarbeiten erforderlich waren, einen Schmuckgiebel aus Bruchsandstein. Für das Jahr 1786 sind noch durch König Friedrich II. veranlasste Erweiterungen der Anlage dokumentiert. Nach dem Tode Friedrich des Großen ließ dessen Nachfolger Friedrich Wilhelm II. einen erneuten Ortswechsel vornehmen und einen Fasanenzwinger in dem neu angelegten Neuen Garten errichten. Dieser Fasanenzwinger wird als stattliches Holzbauwerk von doppelter Mannshöhe beschrieben und befand sich unmittelbar hinter dem in der Zufahrtsallee zum Marmorpalais errichteten Fasanenmeisterhaus. Der letzte Domizilwechsel für die Fasanerie erfolgte 1842 unter König Friedrich Wilhelm IV. Nachdem der Gartenbauarchitekt Peter Joseph Lenne´ 1841 vorgeschlagen hatte, das Gelände zwischen Schloss Charlottenhof und Neuem Palais für die Fasanenhaltung anzukaufen, folgte Friedrich Wilhelm IV. diesem Rat und ließ 1842 an dieser Stelle, einbezogen in das Gesamtareal „Sanssouci-Charlottenhof", von dem Architekten Ludwig Persius die noch heute bekannte Fasanerie als anmutiges Gebäudeensemble im italienischen Villenstil errichten. Der bestehende Fasanenzwinger wurde erhalten und als eine Art Südflügel der neuen Baulichkeit angegliedert.

Während in der Jägerallee heute nichts mehr auf die alte Fasanerie hindeutet, kann der nun zu betrachtende Jägerhof, der in seiner baulichen Substanz gleichfalls nicht mehr vorhanden ist, immerhin für sich reklamieren, aufgrund der durchgängig gebräuchlichen Straßenbezeichnung Jägerallee noch ansatzweise memoriert werden zu können. Zwischen 1660 und 1670 als Landschaftsallee zwischen der Meierei am Kietz und dem damals noch Eichberg genannten Pfingstberg angelegt, erhielt die zunächst Allee gegen Eichberg genannte Straße mit der Errichtung des königlichen Jägerhofes ihren bis heute gültigen Namen Jägerallee.[9] Dass sich die Straßenbezeichnung Jägerallee über alle Wechselfälle der preußisch-deutschen Geschichte trotz mehrfacher Zäsuren mit bildersturmartigen Auswüchsen, wobei insbesondere

---

[9] Arlt, Die Straßennamen der Stadt Potsdam, S. 64

die Umbenennungen nach 1945 weit über die Forderungen der Direktive Nr. 30 des Alliierten Kontrollrats vom 13. Mai 1946 hinausgingen und auch sämtliche Erinnerungen an das Hohenzollernhaus und die Epoche der Deutschen Einigungskriege beseitigten, bis heute erhalten hat, kann wohl nur darauf zurückgeführt werden, dass die Freude am Waidwerk eine der großen konsensualen Konstanten darstellt, die in der Vergangenheit nicht nur Anhänger der Monarchie und Republikaner, sondern insbesondere auch nationale und internationale Sozialisten einte.

III. JÄGERHOF

Der am Standort gelegene Jägerhof, in den die bei der Errichtung 1729 noch vorhandene alte Fasanerie integriert wurde, diente als Start- und Zielpunkt der herrschaftlichen Jagdgesellschaften, wenn sie, die Stadt durch das Jägertor verlassend, über die Jägerallee in das Jagdgebiet aufbrachen. Dementsprechend waren die Baulichkeiten des Jägerhofes zunächst primär bestimmt, das für das Waidwerk notwendige Personal und Material vorzuhalten, insbesondere die königlichen Leibjäger, deren Anzahl im Jahre 1798 12 betrug, zu beherbergen. Einen Eindruck von den Gebäuden des Jägerhofes vermittelt uns Horvath in der weitgehend auf die Darstellung Nicolais rekurrierenden Beschreibung von „Potsdams Merkwürdigkeiten", in der es über den Jägerhof heißt, das mittlere Gebäude verfüge über einen Vorsprung mit drei großen Bogenfenstern, auf denen ein Dreiecksgiebel (Fronton) ruhe. Zu beiden Seiten dieses Mittelgebäudes befänden sich zweigeschossige Pavillons, welche durch zwei Flügel mit dem Hauptgebäude verbunden seien.[10] Der Potsdamer Baumeister Heinrich Ludwig Manger berichtet in seiner „Baugeschichte von Potsdam" für die Jahre 1753, 1762, 1773, 1774, 1775, 1776, 1777, 1780 und 1782 immer wieder von notwendigen Reparaturen und Ausbesserungsarbeiten auf dem Jägerhof, deren Grund er uns als sachkundiger Experte in seinem Eintrag von 1776 wie folgt benennt: „Außerhalb der Stadt wurden die Gebäude des Jägerhofes repariert, die ihrer schlechten Bauart wegen immer jährlich schadhaft wurden, ohne einmal gründlich gebessert zu werden, welches blos durch neues Bauen hätte geschehen können."[11] Mangelhafte Bauausführungen, untrennbar mit der Kulturgeschichte des Bauens verbunden, haben also auch diesen Standort nicht verschont.

---

[10] Horvath, Potsdams Merkwürdigkeiten, beschrieben, und durch Plans und Prospekte erläutert, S. 120 ff.

[11] Manger, Baugeschichte von Potsdam in drei Bänden, Band I, S. 146, 252; Band II, S. 295 ff., 310, 393, 399, 408, 420, 431, 444, 446

Bedeutende Änderungen und Erweiterungen der Zweckbestimmung erlebte das Areal unter König Friedrich II. bereits 1746 und erneut unmittelbar nach Beendigung des Siebenjährigen Krieges, der Preußen endgültig als Großmacht in Europa etablierte.

Die erste Änderung der Zweckbestimmung bestand darin, dass Friedrich der Große, der kein Interesse an der Parforcejagd hatte, schon 1746 die Meute abgeschaffte und den Jägerhof im Wesentlichen nur noch als Poullarderie (Hühnerzuchtanstalt), aber auch, inspiriert durch die von Friedrich von Rothenburg als Geschenk erhaltene Windspielhündin „Biche", als Hundezuchtstätte für Windspielhunde nutzte. Aus den auf dem Jägerhof gezogenen Windspielhunden wählte er seine Lieblinge, die sich in den königlichen Wohngemächern aufhalten durften, von den Bediensteten französisch angesprochen und gesiezt werden mussten und nach ihrem Ableben in Sarkophagen auf den Schlossterrassen von „Sanssouci" beigesetzt wurden. Der Wunsch des Königs, neben seinen Hunden die letzte Ruhe zu finden, sollte nach zwischenzeitlichen Ruhestätten in der Potsdamer Garnisonkirche, in Marburg und auf der Burg Hohenzollern erst 1991 nach Überwindung der deutschen Teilung in Erfüllung gehen. Wir dürfen mit Sicherheit annehmen, dass Friedrich der Große mehrfach in der Jägerallee auf dem Jägerhof weilte, um Hunde zu inspizieren und auszuwählen.

Die zweite Änderung der Zweckbestimmung erlebte der Jägerhof am Ende des Siebenjährigen Krieges vor dem Hintergrund wirtschaftlicher Autarkiebestrebungen. In dem Bemühen, von ausländischen Seidenlieferungen unabhängiger zu werden, förderte Friedrich der Große den Seidenbau. Der Begriff Seidenbau umfasst alle zur gewerblichen Produktion von Seide notwendigen Maßnahmen wie die Aufzucht von Seidenraupen, welche den Rohfaden liefern, die Anpflanzung und Pflege der Maulbeerbäume, deren Blätter den Seidenraupen als Nahrung dienen, und die Verarbeitung der Rohseide zu Faden und Gewebe. 1765 hielt der Seidenbau auch auf dem Jägerhof in Potsdam Einzug. Die diesbezüglichen Eintragungen Mangers in seiner „Baugeschichte von Potsdam" sind besonders instruktiv und geben ein anschauliches Bild von dem Nutzungsspektrum auf der Liegenschaft. Manger teilt mit, dass 1765 auf dem Jägerhof nicht nur Reparaturen erfolgt, sondern auch beträchtliche Veränderungen vorgenommen worden seien. An dem Hauptgebäude des ehemaligen Jagdhauses seien die hölzernen Säulenhallen (Portiken) zum Hof entfernt und im Inneren des Hauses in beiden Geschossen auf der einen Seite Wohnungen geschaffen und auf der anderen Seite zwei Maschinensäle eingerichtet worden. Eine Maschine sei zum Seidenabhaspeln und die andere zum Zwirnen der Seide bestimmt gewesen. Hinter dem Mittelgebäude sei ein massiver einstöckiger Neubau errichtet worden mit einem Backofen zum Dörren und einem Raum mit Kupferkesseln zum Abhaspeln der Seidenkokons. Mit dem Dörren ist das Abtöten der Puppen durch Hitze und mit dem Abhaspeln das Aufwickeln der Seidenfäden gemeint. Weiter wird mitgeteilt, dass auf die niedrigen Flügelgebäude noch ein Fachwerkgeschoss aufgesetzt worden sei mit Räumen zur Ausbreitung und Fütterung der Seidenwürmer sowie der Lagerung der Maulbeerblätter und anderer notwendiger Utensilien. Die beiden zweigeschossigen Endgebäude mit Zeltdächern seien als Wohngebäude für die Hofjäger und den Mäster des Federviehs ebenso erhalten geblieben wie das „Poullarderie" genannte Gebäude zur Aufzucht und Mast des Federviehs und das Haus zur Zucht für junge Windspielhunde.[12]

Vor uns entsteht somit zu der Zeit, in der Friedrich der Große nach dem erfolgreich durchgestandenen Siebenjährigen Krieg im Zenit seines Ansehens steht, ein buntes Panorama auf der Liegenschaft Jägerallee 10 - 12, das einerseits geprägt ist von noch existenten Baulichkeiten der alten Fasanerie, Federviehzucht, dem Treiben der Hofjäger und dem Durchzug der Jagdgesellschaften inmitten eines substanzbedingt ständig ausbesserungsbedürftigen Jägerhofes sowie der Hundezuchtstation für die vom König so geschätzten und ihn umgebenden Windspiele und andererseits bereits den Aufbruch in das Manufakturzeitalter widerspiegelt, hier repräsentiert durch den Seidenbau. Wer allerdings als heutiger Nutzer des Justizzentrums Potsdam im Angesicht unablässig vor dem Gebäude rollenden Straßenverkehrs, mit Motorunterstützung agierender Grünflächenarbeiter und mit Reinigungsmaschinen, die mit Dezibel-Höchstwerten „gesegnet" sind, die Flure auf und ab laufender Gebäudereinigungskräfte geneigt ist, das

---

[12] Manger, Baugeschichte von Potsdam in drei Bänden, Band II, S. 296

soeben gezeichnete Panorama in eine ländliche Idylle oder gar ein Arkadien verklären zu wollen, dem sei gesagt, dass auch schon in der zweiten Hälfte des 18. Jahrhunderts die Erfordernisse einer aufstrebenden Großmacht in der Jägerallee bar jeder Emissionsschutzverordnung spürbar oder besser gesagt hörbar waren. Wir erfahren nämlich bei Horvath, dass nicht weit von dem Jägerhof entfernt zur Linken das „Probirhaus" stand, in dem die in der Gewehrfabrik gefertigten Flinten „mittels doppelter Ladungen probirt" wurden.[13]

Zu einem Erfolgsmodell hat sich der Seidenbau weder in der Jägerallee noch insgesamt in Preußen entwickelt, auch wenn wir auf dem Jägerhof noch von einer Erweiterung des Seidenbaus im Jahre 1777 durch Errichtung mehrerer Gestelle zur Verpflegung der Seidenwürmer erfahren. Mit dem Tod Friedrichs des Großen im Jahre 1786 endete die Seidenbaupflicht und mit der Aufhebung des Importverbots für französische Waren nach der militärischen Katastrophe von Jena und Auerstedt 1806 verlor der Seidenbau in Preußen vollends an Bedeutung. Am Beginn des Seidenbaus in der Jägerallee im Jahre 1765 steht allerdings ein Geschehen, das gerade dem heute im Justizzentrum im Strafrecht tätigen Justizjuristen, der gewohnt ist Subventionsbetrugsfälle strafrechtlich zu verfolgen, in denen Fördermittel des Landes aufgrund falscher Angaben zu vorgetäuschten Unternehmenskonzepten erlangt und sodann zweckwidrig verwendet werden, modern und vertraut vorkommt. An dem Ort, an dem heute Strafverfolgung betrieben und Recht gesprochen wird, ereignete sich 1765 ein früher Fall des Subventionsbetruges, der zeigt, dass die Leichtgläubigkeit in gleichem Maße bei absoluten Monarchen wie konstitutionellen Landesbanken anzutreffen ist, wenn die alleinige Fokussierung auf wirtschaftspolitische Ziele zu einem Tunnelblick verleitet. Die Schilderung bei Manger in seiner „Baugeschichte von Potsdam" ist so instruktiv, dass der erste Fall der überlieferten Wirtschaftskriminalgeschichte an dem Ort, an dem heute die Schwerpunktabteilung zur Bekämpfung der Wirtschaftskriminalität im Land Brandenburg domiziliert, im Origi-

---

[13] Horvath, Potsdams Merkwürdigkeiten, beschrieben, und durch Plans und Prospekte

erläutert, S. 123

nalwortlaut der Zeit wiedergegeben werden soll: „Roascia, ein Piemonteser, gab die Veranlassung zu allen diesen Bauten, denn er versicherte, den Seidenbau allhier völlig auf den Fuß wie in Piemont einzurichten. Er verfertigte für vieles Geld die Maschinen selbst, aber auf eine wenig saubere und kunstgemäße Art, und fing sein Werk an. Es dauerte aber nicht lange, als er sich vornahm, mit dem hier ersparten Gelde den Seidenbau in seinem Vaterlande fortzusetzen, und er reiste dahin wieder ab."[14]

Der Jägerhof in Potsdam wurde allerdings bereits im Jahre 1740 auch zu einem Ort militärischer Innovation. Den kleinen Bruch in der Chronologie durch Rückgriff auf das Jahr 1740 möge man mir an dieser Stelle nachsehen, weil die bereits mit dem Jahr 1740 parallel zu den schon genannten Jägerhofnutzungen eingeleitete militärische Standortbedeutung zwar noch nicht zu dauerhaften militärischen Stationierungen an diesem Ort führte, aber nutzungsperspektivisch bereits in die Richtung der späteren, fast 170 Jahre währenden Bestimmung als militärische Ausbildungsstätte, Kaserne und militärische Dienststelle wies und deshalb den militärischen Betrachtungen unmittelbar vorangestellt werden soll.

Am 24. November 1740 erging auf Schloss Rheinsberg ein königlicher Aufstellungsbefehl, mit dem König Friedrich II., der später als Friedrich der Große berühmt werden sollte, zum Zwecke der Versorgung der Armee mit „guten Wegweisern" für Erkundungs- und Kurierdienste die Aufstellung des Feldjägerkorps zu Pferde anordnete. Zeitgleich erfolgte auch die Aufstellung eines Feldjägerkorps zu Fuß. Aus der Erstaufstellung vom 24. November 1740 sind sowohl das 1756 gegründete Reitende Feldjägerkorps als auch das Garde-Jäger-Bataillon hervorgegangen.[15] Diesen Verbänden oblagen keine militärpolizeilichen Befugnisse,

---

[14] Manger, Baugeschichte von Potsdam in drei Bänden, Band II, S. 296 f.

[15] Wikipedia, Einträge zu „Reitendes Feldjägerkorps" und „Garde-Jäger-Bataillon (Preußen)"; Online-Portal „Feldjäger Ehemaligentreffen", Feldjäger-Geschichte, S. 1 ff.

wie die Assoziation mit dem noch heute in der Bundeswehr gebräuchlichen Begriff der Feldjäger vermuten lassen könnte. Dass die Bundeswehr für ihre Militärpolizei 1956 auf den Feldjägerbegriff rekurrierte, beruhte neben traditionellen Erwägungen auf der fehlenden Disziplinargewalt und der Zuständigkeitszuweisung polizeilicher Aufgaben an die Bundesländer. Der Grundgedanke hinter dem königlichen Aufstellungsbeschluss vom 24. November 1740 ist vielmehr darin zu sehen, dass für militärische Erkundungs- und Kurierdienste die besonderen Qualifikationen des einheimischen Jagd- und Forstpersonals genutzt werden sollten. Das Jagd- und Forstpersonal verfügte in der Regel über besondere Geländekenntnisse und Orientierungsfähigkeiten. Außerdem waren die Jäger aufgrund der Verwendung von Jagdgewehren, die eine höhere Treffgenauigkeit als die Militärgewehre hatten, besonders gut ausgebildete Schützen. Es lag daher für den König nahe, den Blick auf den Jägerhof in Potsdam zu richten und den Aufseher Schenck vom Jägerhof Potsdam unter Ernennung zum „Capitaine de Guides" mit der Aufstellung des Feldjägerkorps zu Pferde zu beauftragen. Die Dringlichkeit des Aufstellungsbefehls erhellt daraus, dass Preußen bereits vor dem Aufstellungsbefehl am 8. November 1740 mobilisiert hatte und am 16. Dezember 1740 der Einmarsch mit einer Armee von 27.000 Mann in Schlesien begann, der den Auftakt für den zweiten großen Waffengang des 18. Jahrhunderts bildete, der später als Österreichischer Erbfolgekrieg bezeichnet wurde.

Eine Standortgenese der Liegenschaft Jägerallee 10 - 12 in Potsdam kann keinen Raum für eine nähere Befassung mit der Vorgeschichte und dem Verlauf der preußischen Feldzüge unter Friedrich II. vom Österreichischen Erbfolgekrieg bis zum Siebenjährigen Krieg zwischen 1740 und 1763 bieten. Allerdings soll an dieser Stelle angemerkt werden, dass der Vormarsch des jungen Königs Friedrich II. nach Schlesien im Jahre 1740 zwar einer belastbaren Rechtsgrundlage entbehrte, jedoch nicht als verantwortungslose Aggression und schon gar nicht als zentrale Ursache für die weltweiten Waffengänge mit wechselnden Allianzen bis zum Ende des Siebenjährigen Krieges gesehen werden kann. Das Jahr 1740 war gekennzeichnet von einem allgemeinen Generationswechsel in der europäischen Politik, einem offenkundigen Niedergang der österreichischen Militärmacht, die in der Regierungszeit Kaiser Karl VI. (1711 - 1740) eklatant vernachlässigt worden war zugunsten - letztlich fehlgeschlagener - diplomatischer Lösungsversuche für die Anerkennung der Pragmatischen Sanktion, die die Unteilbarkeit der habsburgischen Länder und die weibliche Erbfolge sichern sollte, und einer allgemeinen politischen Spannungs- und Konflikthaltung, die von der Sorge um die „angemessene" Verteilung des habsburgischen Nachlasses sowie der Furcht vor einer Übervorteilung der Konkurrenten im machtpolitischen Spiel bestimmt war. Exemplarisch für die politische Großwetterlage 1740 , in der alle Mächte militärische Aktionen ins Kalkül zogen und von dem Niedergang Österreichs zu profitieren trachteten, ist eine zu dieser Zeit am französischen Hof in Versailles kursierende Denkschrift, in der von einer brillanten Epoche und der einzigartigen Perspektive, Glück und Vorteil aus einer Aufteilung Österreichs, die nun bevorstehe, zu ziehen, gesprochen wird. Diese allgemeinen politischen Rahmenbedingungen drängten einen ambitionierten Souverän wie Friedrich II., der sich zu Beginn seiner Regentschaft auf ein von seinem Vater mit außergewöhnlicher Energie, Sparsamkeit und Autorität reformiertes Staatswesen mit einer leistungsfähigen Verwaltung, einem modernen Schulwesen und einer effizienten Steuereintreibung sowie nicht zuletzt einem disziplinierten und gut ausgebildeten stehenden Heer von 80.000 Mann stützen konnte, zur Tat. Dabei mag auch von Bedeutung gewesen sein, dass Friedrich II. erlebt hatte, wie sein Vater Friedrich Wilhelm I., der sich während seiner gesamten Regentschaft als preußischer Monarch stets auch als loyaler Reichsfürst verstanden und geriert hatte, von Kaiser Karl VI. im Jülich-Bergischen Erbfolgestreit durch den Widerruf gegebener Zusagen düpiert wurde. Passivität als Regent eines Staates, der zur Sicherung seiner gerade erst erlangten und noch fragilen Souveränität der Arrondierung bedurfte, wäre angesichts der evidenten österreichischen Schwäche und der außergewöhnlich günstigen europäischen Konstellation wohl nicht nur nach den tradierten politischen Maßstäben des eigenen Hauses Brandenburg-Preußen als Verrat an der Sicherung der Existenzgrundlagen des Staates verstanden, sondern auch von den europäischen Konkurrenzmächten als Pflichtvernachlässigung empfunden worden[16]. Aus den eigenen Schiften Friedrichs des Großen erhellt, dass der König einerseits angesichts der internationalen

---

[16] Bremm, Preußen bewegt die Welt, S. 29

Geringschätzungen und Demütigungen gegenüber seinem Vater, insbesondere im Kontext mit der Erbfolge in Jülich-Berg und der Thronfolge in Polen, es als eine Notwendigkeit betrachtete, seinem Staat durch einen Beweis von Kraft und Entschlossenheit internationale Anerkennung zu verschaffen, und andererseits die Ausnutzung der habsburgischen Schwäche die nicht wiederkehrende Gelegenheit bot, die als für die Entwicklung des Staates ungesund empfundene „Zwitterstellung" zwischen Kurfürstentum und Königreich zugunsten des letzteren zu beenden.[17] Das ministerielle Rechtsgutachten, mit dem das Aufleben alter Erbansprüche auf die Herzogtümer Brieg, Liegnitz und Wohlau wegen eines venire contra factum proprium, eines der ursprünglichen Vereinbarung widersprechenden Verhaltens des Wiener Hofes im Kontext mit der Rückgabe des Kreises Schwiebus, der dem Großen Kurfürsten als Kompensation für den Verzicht auf die Erbansprüche gewährt und zeitgleich konspirativ von dessen Nachfolger „zurückgekauft" worden war, nachgewiesen werden sollte, darf allerdings als Öffentlichkeitsarbeit verbucht werden, die auch der König nicht ernst genommen hat.[18]

Das Feldjägerkorps zu Pferde begann unter Leitung des Oberjägers Schenck auf dem Jägerhof in Potsdam mit einer aus Forst- und Jagdbeamten rekrutierten Personalstärke von einem Oberjäger, einem Assistenten und zwölf Feldjägern. Zur Aufstellung gelangten Kolonnenjäger (Guiden), Furiermacher (Quartiermeister) und Kurierjäger (Stafetten). Während des 1. Schlesischen Krieges wuchs die Personalstärke auf 110 Mann an. Im 2. Schlesischen Krieg wurde der gesamte Briefwechsel zwischen Friedrich II. und seinem Unterfeldherrn Leopold von Anhalt-Dessau durch Kurierjäger besorgt. Das Reitende Feldjägerkorps bestand bis 1919 mit zuletzt einer Personalstärke von zwei Oberjägern und 80 Feldjägern, wobei allerdings im 19. Jahrhundert nur noch Kurierdienste geleistet wurden und sämtliche Mitglieder Offiziersrang hatten. Auch das Garde-Jäger-Bataillon, dessen Entstehung gleichfalls auf den Aufstellungsbefehl vom 24. November 1740 an den Aufseher Schenck auf dem Jägerhof in Potsdam zurückzufüh-

---

[17] Volz, Historische und militärische Schriften Friedrichs des Großen, S. 85 ff.

[18] Fischer - Fabian , Preußens Gloria, S. 204

ren ist, bestand als Eliteeinheit der preußischen Armee und Teil der 1. Garde-Infanterie-Brigade in Potsdam bis 1919. Während des 1. Weltkrieges verfügte die Einheit, die unter anderem als erster preußischer Militärverband am Beginn des 20. Jahrhunderts das Fahrrad und das Maschinengewehr erprobte, über eine Personalstärke von 1117 Unteroffizieren und Mannschaften. [19]

Man kann also mit einiger Berechtigung sagen, dass die Liegenschaft Jägerallee 10 - 12, der ehemalige Jägerhof auf dem sich das heutige Justizzentrum Potsdam befindet, als Keimzelle des militärischen Aufklärungs- und Nachrichtenwesens der preußisch-deutschen Armee angesehen werden kann, auf dem die erste preußische Erkundungs- und Aufklärungseinheit aufgestellt, allerdings nicht stationiert wurde. Als Laune der Geschichte mag im Vorgriff bereits an dieser Stelle darauf hingewiesen werden, dass nach dem Ende des 1. Weltkrieges und der Auflösung des Garde-Jäger-Bataillons in der Weimarer Republik die 6. Kompanie des Infanterieregiments Nr. 9 der Reichswehr, die die Tradition des Garde-Jäger-Bataillons übernahm, in der auf der Liegenschaft Jägerallee 10 - 12 befindlichen Kaserne stationiert wurde, womit die preußischen Feldjäger gleichsam an ihren Ursprungs- und Aufstellungsort zurückkehrten, um dort nun erstmalig auch kaserniert zu werden.

---

[19] Wikipedia, Einträge zu „Reitendes Feldjägerkorps" und „Garde-Jäger-Bataillon (Preußen)

IV. UNTEROFFIZIERSCHULE POTSDAM[20]

1. KONZEPTION UND HISTORIE DER UNTEROFFIZIERSCHULE POTSDAM

Die auf eine Kasernenanlage gestützte, dauerhafte militärische Nutzung der Liegenschaft begann 1828 und dauerte unter wechselnden Vorzeichen und mit unterschiedlichen militärischen Zielstellungen bis 1993 an. Den bedeutendsten Zeitraum nimmt die Nutzung als Unteroffizierschule der preußisch-deutschen Streitkräfte ein. Bevor wir uns mit den baugeschichtlichen Aspekten des in seiner denkmalgeschützten Fassade noch heute erhaltenen und genutzten Baukörpers befassen, erscheint es angezeigt, zunächst die Konzeption und Historie der Unteroffizierschule, für die das heute als Justizzentrum genutzte Gebäude in seiner Urkonzeption passgenau errichtet worden war, zu beleuchten. Um die am Standort Jägerallee 10 - 12 ab 1828 domizilierende und zunächst noch Schulabteilung genannte Unteroffizierschule in ihrer Bedeutung für die preußisch-deutsche Militärgeschichte beurteilen zu können, bedarf es eines Blickes auf die Vorgeschichte. Die zuvor eher unbedeutende Stadt Potsdam erlangte zunehmende Bedeutung mit der Wahl zum Zweitresidenzstandort durch den Großen Kurfürsten. Die Präferenz der brandenburgisch-preußischen Souveräne für Potsdam blieb erhalten und führte dazu, dass unter dem großen inneren König Friedrich Wilhelm I. der Aufbau moderner Verwaltungs- und Militärstrukturen in Potsdam begann. Potsdam wurde der bedeutendste Militärstandort des Staates, an dem Elitetruppen, insbesondere die Garderegimenter, konzentriert waren. Die Altpreußische Armee, die unter Friedrich dem Großen im Siebenjährigen Krieg Weltgeltung erlangt und auf den Schlachtfeldern von Hohenfriedberg, Roßbach

---

[20] Im November 1860 befahl der Prinz von Preußen die Änderung der bis dahin gebrauchten Bezeichnung „Unteroffizier-Schulanstalt" in „Unteroffizierschule zu Potsdam".
Der historische Terminus „Unteroffizierschule" soll im Folgenden Verwendung finden.

und Leuthen einen Mythos begründet hatte, ging 1806 im Kampf gegen das napoleonische Frankreich in den Gefechten von Jena und Auerstedt unter. Dieser vollständige militärische Zusammenbruch des Preußischen Staates und die anschließende französische Besatzung zeigten einerseits schonungslos die administrativen und militärischen Defizite auf und lösten andererseits eine beispiellose Reformentwicklung aus, für die militärpolitisch Namen wie Scharnhorst, Gneisenau, Clausewitz, Boyen und Grolman stehen. Am Anfang der Entwicklungslinie, die zur Unteroffizierschule Potsdam führt, steht die Aufstellung des Normal-Infanterie-Bataillons. König Friedrich Wilhelm III. hatte am 14. Mai 1811 in einer Allerhöchsten Kabinettsorder die Absicht verkünden lassen, nach russischem Vorbild ein Normal-Infanterie-Bataillon zu gründen. Dahinter stand der Gedanke, die bis dahin noch abhängig von dem jeweiligen Regimentsinhaber vorhandenen qualitativen Unterschiede nivellieren und den Ausbildungsstand der Armee auf hohem Niveau vereinheitlichen zu wollen. Aufgrund der kurze Zeit später beginnenden Freiheitskämpfe, mit denen die französische Fremdherrschaft beseitigt werden sollte, kam die Vereinheitlichung der Heeresvorschriften als Voraussetzung für die Aufstellung des Normal-Infanterie-Bataillons jedoch zunächst nicht zustande. Erst nach dem erfolgreichen Abschluss der Befreiungskriege konnte mit Wirkung vom 30. Dezember 1819 die Mustertruppe, nunmehr unter dem Namen Lehr-Infanterie-Bataillon, realisiert werden. Als Zweck wurde die „Beförderung der Gleichförmigkeit im Dienst und den Exerzierübungen der Infanterie" genannt. Für die Auffüllung des Lehr-Infanterie-Bataillons hatten alle Linienregimenter einen Teil ihrer Offiziere, Unteroffiziere und Mannschaften regelmäßig im Wechsel nach Potsdam zu entsenden. Das Bataillon bestand aus 22 Offizieren, 56 Unteroffizieren, 25 Spielleuten und 560 Mannschaften. Nach einjähriger Ausbildung traten alle Abordnungen bis auf das Stammpersonal zu ihren angestammten Truppenteilen zurück. Das Lehr-Infanterie-Bataillon unterstand dem 1. Garde-Regiment zu Fuß, das der spätere Kaiser Wilhelm II. als das „Erste Regiment der Christenheit" bezeichnete. Das 1. Garde-Regiment zu Fuß stellte auch die Kommandeure und Adjutanten für das Lehr-Infanterie-Bataillon.[21]Schon hier erkennt man deutlich das System, durch kontinuierliche Abordnungen von allen Standorten

---

[21] Schobeß, Das Kriegshandwerk der Deutschen, Band I, S. 85 ff., 107 ff.

der Armee einerseits die Abgeordneten persönlich in möglichst hoher Zahl zu qualifizieren und andererseits die Qualifikationserkenntnisse mit der Rückkehr der Abgeordneten an ihre Standorte zu multiplizieren. Dieser Grundgedanke zur Qualitätssteigerung hat in modifizierten und angepassten Formen im Militär, in der Verwaltung und in der Justiz bis heute überdauert.

Der eigentliche Grundstein für die Unteroffizierschule Potsdam, zunächst noch als Schulabteilung des Lehr-Infanterie-Bataillons bezeichnet, wurde durch Allerhöchste Kabinettsorder vom 5. Juli 1824 gelegt, mit der bestimmt wurde, dass die Schüler des Potsdamer Militärwaisenhauses und des Annaburger Soldaten-Knaben-Instituts für ihren militärischen Beruf und vornehmlich zu Unteroffizieren ausgebildet werden sollten.[22] Hier gilt es deutlich zu machen, dass die Unteroffizierschule Potsdam während der gesamten Zeit ihres Bestehens zwischen 1824 und 1919 niemals nur eine militärische Einrichtung zur Durchführung von Unteroffizierslehrgängen war, wie es heutiger Praxis entspricht. Vielmehr sollten Schüler, die nach vorheriger schulischer und handwerklicher Vorbildung in den Militärwaisenhäusern noch keine Soldaten waren, durch ein breites ziviles und militärisches Ausbildungsangebot sowohl das Rüstzeug für eine anschließende Verwendung als Zeitunteroffiziere in der Armee als auch die notwendigen Fähigkeiten für eine spätere erfolgreiche Tätigkeit in der Zivilgesellschaft erhalten. Insoweit erscheint es nicht vermessen, von einem frühen dualen Ausbildungsmodell zu sprechen. Voraussetzung für eine solche Entwicklung war die vergleichsweise überragende Bedeutung, die schulische Bildung im preußischen Staatswesen genoss. Preußen hatte bereits am 20. September 1717 die allgemeine Schulpflicht eingeführt, während die Großmächte Frankreich und Großbritannien erst 1880 und 1884 mit einer entsprechenden Schulpflicht nachzogen. Eine weitere Voraussetzung für die zunächst Alleinstellungscharakter beanspruchende Unteroffizierschule Potsdam, die später die Mutter aller preußisch-deutschen Unteroffiziersschulen werden sollte, war die aus den Analysen der Befreiungskriege gewonnene Erkenntnis der Militärreformer, dass die Qualität einer Armee nicht

---

[22] Schobeß, Das Kriegshandwerk der Deutschen, Band I, S. 141 f.

zuletzt auch von der Befähigung qualifizierter Unterführer zu einem selbständigen taktischen Operieren abhängig war. Der im 19. Jahrhundert viel zitierte Ausspruch, dass uns den preußischen Leutnant niemand nachmache, war Ausdruck einer vorausschauend das konkrete Anforderungsprofil deutlich übersteigenden Ausbildung und galt ebenso für den Unteroffizier.

Für die im Alter zwischen 17 und 20 Jahren in die Unteroffizierschule eintretenden Schüler, in der zeitgenössischen Diktion Zöglinge genannt, bot sich - wie zahlreiche Biographien belegen - in einer nur partiell durchlässigen und leistungsorientierten Klassengesellschaft die reale Exspektanz, aufgrund einer hochwertigen und kostenfreien Ausbildung - die Schüler wurden kaserniert, uniformiert, verpflegt und wie Liniensoldaten entlohnt - zunächst militärisch und sodann auch zivilgesellschaftlich zu reüssieren. Für jedes Jahr der dreijährigen Ausbildung musste im Anschluss zwei Jahre in der stehenden Armee gedient werden. Das Maximum der Dienstjahre betrug zwölf. Die Schulabteilung startete mit einer Personalstärke von einem „Capitain" als Kommandeur, sechs Subalternoffizieren, einem Feldwebel, 30 Unteroffizieren, einem „Chirurgus" und 300 Zöglingen einschließlich drei Tambours und drei Hornisten.[23] Der Kommandeur wurde aus dem 1. Garde-Regiment zu Fuß ernannt, die Offiziere und Unteroffiziere aus dem Gardekorps. Mit dem Eintritt in die Unteroffizierschule traten die Schüler in den Soldatenstand. Vor jedem Dienst wurde das Zeichen mit dem Horn gegeben und vor Beginn jeder Dienstverrichtung Anzug und Reinlichkeit geprüft. Der Ausbildungsplan sah bei dem Bezug der Liegenschaft im Jahre 1828 Unterricht in deutscher Sprache, Schreiben, Lesen, Rechnen und Kopfrechnen, Geschichte, Geographie, Anfertigung militärischer Schreiben sowie Plankenntnis, Manöverrelationen und Feldfortifikationen vor. Dieser Unterricht wurde von Montag bis Sonnabend in der Zeit von 7.00 Uhr bis 10.00 Uhr erteilt. In der Zeit von 10.00 Uhr bis 11.00 Uhr wurde Nachhilfeunterricht gegeben. Nach einer Mittagspause mussten in der Zeit von 13.00 Uhr bis 14.00 Uhr die „Nachlässigen" zum Nachsitzen antreten.

---

[23] Vgl. hierzu und zu der Unteroffizierschule Potsdam insgesamt Versen, Geschichte der Unteroffizierschule in Potsdam, S. 5 ff.

Ab 14.00 Uhr erfolgte die praktische und sportliche Ausbildung, namentlich im Schwimmen, Fechten, Exerzieren, Signalüben sowie im Tiraillieren. An Sonnabenden wurden nachmittags größere Feldübungen vorgesehen und der Sonntag war dem mittäglichen Religionsunterricht vorbehalten. Dieses Unterrichtskonzept war im Kern auch noch an der Wende zum 20. Jahrhundert gültig. Allerdings waren als Unterrichtsfächer Freihandzeichnen, Gesang, Stenographie und verschiedene Verwaltungskompetenzen hinzugetreten.

Von besonderer Bedeutung ist der Unterricht, der sich hinter dem Begriff Tiraillieren verbirgt. Das Tiraillieren ist eine aufgelöste, individualisierte Kampfform außerhalb der Linientruppen, die ursprünglich von irregulärer leichter Infanterie praktiziert wurde und besondere Bedeutung zuerst in der französischen Armee erlangte, um fehlende Ausbildungszeiten für den Nachersatz im Lineargefecht zu kompensieren. Schon vor dem militärischen Zusammenbruch Preußens von 1806 gab es aufgrund der Analyse der französischen Gefechtstaktik in den Revolutionskriegen Stimmen, die preußische Linienaufstellung im Gefecht zu reformieren. Scharnhorst resümierte bereits 1797, dass die französischen Tirailleurs den größten Teil der Gefechte im Kriege entschieden hätten und forderte, unter Beibehaltung der Linienaufstellung der ersten beiden Glieder das dritte Glied für den Tirailleur-Kampf zu verwenden. In dem Ringen zwischen alten und neuen Ideen konnten sich die Reformer vor 1806 jedoch nicht durchsetzen. Nach 1815 hielten die preußischen Militärreformer zwar prinzipiell am Liniengefecht mit drei Infanterielinien fest, kombinierten das Liniengefecht aber mit dem Tiraillieren insofern, als nach dem rollenden Salvenfeuer der Linientruppen die dritte Linie zum Tiraillieren ausschwenken sollte, um in aufgelösten Einzelgefechten kleinster Gruppen einerseits wichtige strategische Punkte zu besetzen und andererseits die gegnerischen Formationen durch flankierendes Feuer oder Hintergrundfeuer zu destabilisieren. Außerdem konstruierte Scharnhorst nach französischem Muster zum Zwecke der Gewinnung einer Tiefenstoßkraft die Entwicklung der Linienaufstellung nach dem Salvenfeuer zu einer zwei Züge breiten und vier Züge tiefen „Kolonne nach der Mitte".[24] Diese Gefechtsanlage wurde bis etwa 1860 zur Konzeption des „zerstreuten Gefechts" weiterentwickelt, wobei im Bedarfsfall das ganze Bataillon in Tirailleurs aufgelöst werden konnte. Dadurch wuchs die Bedeutung des Unteroffiziers, der bis dahin im Wesentlichen für die Vereinheitlichung der Waffen- und Formationsausbildung verantwortlich war, deutlich. Nunmehr wurde er zum selbständigen taktischen Führer kleiner Formationen und entscheidenden Organ der sukzessive entwickelten und im preußisch-deutschen Heer bis zuletzt gültig gebliebenen Auftragstaktik, die nach einer gründlichen und hochwertigen Ausbildung den qualifizierten militärischen Führer und Unterführer unter alleiniger Benennung des Auftrages in selbständiges Handeln entlässt. Diese Auftragstaktik wurde schließlich von dem Generalstabschef Helmuth Graf von Moltke finalisiert und sorgte für ein eigenständiges Führungsdenken vom General bis zum Unteroffizier, das die selbständige Kampfführung auch ohne Befehl ermöglichte und zu einem nicht geringen Teil die preußisch-deutsche Gefechtsüberlegenheit bedingte.[25] Für die als Unterführer operierenden Unteroffiziere wurde die Auftragstaktik maßgeblich in den in der Unteroffizierschule Potsdam ausgearbeiteten Dienstregularien weiterentwickelt, die hinsichtlich Qualifikation und Anerkennung sowie Förderung des Leistungsgedankens und der eigenverantwortlichen Selbständigkeit ein weit über die militärischen Belange hinausreichendes Erfolgskonzept darstellten. Auch heute könnte für Staatsanwaltschaften oder andere hierarchisch gegliederte Behörden die Auftragstaktik in analoger Anwendung zielführend und leistungsoptimierend sein. Dies gilt sowohl bezüglich der Arbeitsqualität als auch bezüglich der Arbeitsplatzzufriedenheit. Mag der Staatsanwalt zwar in Standardverfahren faktisch weitgehend im Sinne einer Auftragstaktik arbeiten können, so relativiert sich diese Handlungsfreiheit aufgrund eines externen und internen Weisungsrechts, das keineswegs nur die Vorgabe der Bearbeitungsaufträge erlaubt, sondern auch Eingriffe in den Gang der Ermittlungen und einzelne exekutive Maßnahmen sowie die Abschlussentscheidungen ermöglicht, immer dann, wenn tatsächlicher oder vermeintlicher politischer oder medialer Druck auf Behördenspitzen ausgeübt wird und de-

---

[24] Delbrück , Geschichte der Kriegskunst, Das Mittelalter / Die Neuzeit, S. 590 ff.

[25] Schobeß, Das Kriegshandwerk der Deutschen, Band I, S. 300

ren persönliche Reputation oder auch Exkulpation in den Zenit der Überlegungen rückt.

Seit dem 31. Mai 1825 konnten auch Söhne lang und treu gedienter Soldaten sich freiwillig zur Aufnahme in die Schulabteilung melden, wenn sie zwischen 17 und 20 Jahre alt, vollkommen gesund und kräftig und mindestens 5 Fuß 2 Zoll (ca. 1,58 Meter) groß waren, ein moralisch untadeliger Lebenswandel nachgewiesen werden konnte und das väterliche oder vormundschaftliche Einverständnis vorlag. Dass das moralische Anforderungsprofil in der Anfangszeit von den eintretenden Schülern nicht immer erfüllt werden konnte, belegen Mitteilungen aus den frühen Jahren der Schule über standgerichtliche Verfahren wegen Diebstahls, Unterschlagung und „Schuldenmachens" sowie ein Kommandanturbefehl von August 1825, der Verhaltensregeln für den Besuch eines vor den Toren der Stadt Potsdam gastierenden Zirkus gab. Darin wurden die Zöglinge gemahnt, nicht ohne Bezahlung in den Zirkus zu gelangen und bei den Vorführungen der Kunstreiter nicht durch Störungen oder Gewalttätigkeiten aufzufallen. Jedenfalls geschah das numerische Anwachsen der Schulabteilung aufgrund vielfach festgestellter moralischer oder körperlicher Untauglichkeit zunächst langsam. Ein - durchaus nachvollziehbares - Erklärungsmuster für die moralischen Mängel in der Anfangszeit wurde darin gesehen, dass die Schüler zwischen dem mit der Konfirmation abschließenden Ende der Vorausbildung in den Militärwaisenhäusern und dem Eintritt in die Schulabteilung von privaten Handwerksmeistern ausgebildet werden sollten, die verständlicherweise bei diesen staatlichen Zuweisungen - anders als bei den selbst eingestellten Lehrlingen - wenig Neigung verspürten, Sorgfalt auf die Ausbildung und die Moralerziehung zu verwenden, weil sie doch von vornherein wussten, die Früchte ihrer Bemühungen nicht ernten zu können. Noch 1832 ordnete Prinz Wilhelm von Preußen, der spätere Deutsche Kaiser, an, dass wegen häufig vorgekommener Desertionen von Zöglingen der Schulabteilung die Kriegsartikel recht häufig vorgelesen und erklärt werden sollen. Mit Korpsbefehl vom 3. Dezember 1829 wurde die Disziplinarstrafgewalt dahingehend geregelt, dass die Offiziere zur Verhängung der niederen Disziplinarstrafen in ihren Inspektionen befugt wurden, während die Anordnung von Arreststrafen und Strafwachen allein dem Kommandeur vorbehalten blieb.

1830 wurde die Schulabteilung in zwei Unterabteilungen geteilt, wobei die erste Unterabteilung weiße und rote Achselklappen und die zweite Unterabteilung gelbe und blaue Achselklappen erhielt.

Eine wesentliche Zäsur für die Unteroffizierschule bildet das Jahr 1844, in dem die Schule für Freiwillige aus dem ganzen Land geöffnet wurde. Diese Öffnung entsprach nicht nur dem militärischen Bedürfnis, aufgrund gewachsener Heeresstrukturen eine größere Zahl befähigter militärischer Unterführer auszubilden, sondern auch der stark gewachsenen gesellschaftlichen Nachfrage, nachdem sich allgemein die Erkenntnis durchgesetzt hatte, dass Heranwachsende in der Unteroffizierschule Potsdam ohne Eigenmittel eine qualitativ hochwertige Ausbildung erhalten konnten, die es ihnen ermöglichte, sowohl militärisch als auch später zivilgesellschaftlich zu reüssieren. Nach der Öffnung für Freiwillige erhielt die Schule quantitativ und qualitativ einen gewaltigen Zulauf, sodass mit allerhöchster Kabinettsorder vom 9. Juli 1846 die Aufnahmekapazität um 96 Zöglinge erhöht wurde. Gleichwohl mussten viele Interessenten abgewiesen werden. Das nachhaltig gesteigerte Ausbildungsinteresse im ganzen Land führte dazu, dass einerseits die Ausbildungskapazität der Schulabteilung in Potsdam im Oktober 1860 nach vorheriger baulicher Erweiterung und Schaffung neuer Planstellen für 4 Offiziere und 8 Unteroffiziere nochmals um 68 Zöglinge vermehrt wurde und andererseits durch sukzessiv einsetzende Filialgründungen die Gesamtausbildungskapazität weiter gesteigert und regional verteilt werden konnte. Besonders genannt seien hier nur die frühen Filialgründungen, nämlich als erste die 1860 eröffnete und zunächst noch „Unteroffizier-Schulanstalt" genannte Unteroffizierschule in Jülich, als zweite die 1867 eröffnete Unteroffizierschule Biebrich sowie die 1869 in Weißenfels und 1879 in Marienwerder gegründeten Unteroffizierschulen. Nachdem anlässlich der Gründung der Unteroffizier-Schulanstalt zu Jülich zunächst auch die Potsdamer Lehranstalt in Unteroffizier-Schulanstalt zu Potsdam umbenannt worden war, erfolgte im November 1860 die erneute Namensänderung durch die Einführung der einfacheren Bezeichnung Unteroffizierschule zu Potsdam. Seit 1863 wurden die neuen Schüler im Rahmen eines Festaktes in der geschmückten Kaserne mit anschließender kirchlicher Feier vereidigt. Ab Juni 1867 erhielten die Schüler Turnunterricht durch einen Offizier und fünf Unteroffiziere, die als Turnlehrer amtierten.

Eine organisatorische Zäsur brachte das Jahr 1872. Nachdem die Unteroffizierschule 48 Jahre dem Gardekorps angehört hatte, schied sie durch Kabinettsorder vom 28. Februar 1872 aus diesem Verband aus und wurde der neugegründeten Inspektion der Infanterieschulen unterstellt. Am 1. April 1878 wurde eine eigene Kasernenverwaltung geschaffen, wobei der Zahlmeister die Geschäfte des Verwaltungsbeamten übernahm. Außerdem wurde die im Etat vorgesehene Büchsenmacherstelle besetzt und in der Turnhalle eine Büchsenmacherei errichtet. Seit 1892 erhielt auch die Unteroffizierschule Potsdam ihren Nachwuchs aus den neu gegründeten Unteroffiziervorschulen. Die ab 1877 sukzessive errichteten Unteroffiziervorschulen waren die späte erziehungspolitische Reaktion auf die Erkenntnis, dass die Zeitspanne zwischen der allgemeinen Schulentlassung und dem Eintritt in die Unteroffizierschule nicht ohne erzieherische Einwirkung bleiben sollte. Ab 1895 nahm die Unteroffizierschule Potsdam alljährlich an den von Kaiser Wilhelm II. initiierten großen Herbstmanövern teil. Eine der letzten Innovationen vor dem 1. Weltkrieg war der auf Anregung des Kaisers im Winter 1897/1898 eingeführte Unterricht im Signalisieren mit Winkerflaggen.

Nach Ausbruch des 1. Weltkrieges 1914 wurde der Dienstbetrieb weitergeführt. Dabei rückten immer mehr die Bereitstellung frontfertigen Unteroffiziersnachwuchses unter Verkürzung der Ausbildungszeit und die Schulung für den Stellungskrieg in den Vordergrund. Auch die Sturmtruppentaktik, mit der in der „Michael-Offensive" 1918 die Kriegsentscheidung im Westen gesucht werden sollte, wurde in der Schule gelehrt. Als Antwort auf die Erfahrungen mit dem Stellungskrieg und die zwischenzeitlich herrschende Personalnot sollten Sturmbataillone, die aus zwei Sturmkompanien, einer Maschinengewehrkompanie, einer Minenwerferkompanie, einem Flammenwerferzug und mehreren Granatwerfern bestanden, ohne Artillerievorbereitung im Überraschungsangriff an der schwächsten Grabenstellung einen Einbruch in die gegnerische Stellung erzielen, um der nachfolgenden

Infanterie den Weg zu bahnen. Konzeptionell war die Sturmtruppentaktik bereits ein Vorläufer der späteren Panzertaktik.[26]

Die Nutzung der Kaserne als Unteroffizierschule endete 1919 als aufgrund der Bestimmungen der Siegermächte in Artikel 176 des Versailler Diktats sämtliche Militärschulen und somit auch die Unteroffizierschulen, von denen am Ende des 1. Weltkrieges 11 bestanden, aufgelöst werden mussten. Die Abwicklung erfolgte zum 10. März 1920. Als im Zuge der Aufrüstung und Wiedereinführung der Wehrpflicht am 1. 10. 1936 in Potsdam erneut eine Unteroffizierschule der Infanterie eröffnet wurde, geschah dies nicht mehr am Standort Jägerallee, sondern in Potsdam-Eiche.

Zuverlässiger Indikator für die Qualität und Reputation der Unteroffizierschule ist nicht zuletzt die durchgängige Besetzung der Leitungsposition mit besonders qualifizierten Kommandeuren. Aus der Reihe der Kommandeure der Unteroffizierschule seien nur exemplarisch die Namen von Pritzelwitz, von Waldersee, von der Schulenburg, von Buddenbrock, von Randow, von Wedell, von Kessel, von Werder, Finck von Finckenstein, von Kleist, von Stülpnagel, von Ledebuhr, von Bonin und von Strubberg genannt, die Repräsentanten der preußisch-deutschen Verwaltungs- und Militärelite waren, nach ihrer Verwendung als Schulkommandeure ausnahmslos weiter reüssierten und in der Regel ihre Laufbahn im Generalsrang beschlossen. Besonders hervorzuheben ist hier Friedrich Gustav Graf von Waldersee, der ab 1827 für eine Dekade die Geschicke der Unteroffizierschule leitete, in dieser Zeit einen wegweisenden Leitfaden zur Instruktion des Infanteristen („Der kleine Waldersee") verfasste, am 5. Mai 1854 zum Staats- und Kriegsminister berufen wurde und dieses Amt bis zu seinem Ausscheiden aus dem Dienst am 6. November 1858 innehatte.

---

[26] Schobeß, Das Kriegshandwerk der Deutschen, Band I, S. 437 f.

2. Ausbildungsziele der Unteroffizierschule

Nachdem der theoretische und praktische Unterrichtsplan der Unteroffizierschule Potsdam bereits dargestellt worden ist, soll an dieser Stelle noch gesondert auf die Gesamtkonzeption der Ausbildungsziele eingegangen werden.

Die Ausbildung der Schüler erstreckte sich auf folgende Gebiete:

- Disziplin, militärische Ordnung und Zucht
- Praktische Erlernung des Dienstes
- Schulunterricht
- Unterricht im Handwerk.

Maßgebliche Ausbildungsrichtlinie war zunächst ein vom Kommandeur des Lehr-Infanterie-Bataillons genehmigter Leitfaden. Anfang 1832 verfasste dann der zwölf Jahre als Kommandeur der Schulabteilung amtierende Graf Friedrich von Waldersee seinen Leitfaden zur Instruktion des Infanteristen, der auch für die Ausbildung an der Unteroffizierschule Verwendung fand.

Die strategische Ausrichtung der Schule scheint instruktiv in den anlassbezogenen Ansprachen und grundlegenden Inspektionsbefehlen der Kommandeure und Inspekteure auf. In einer Ansprache anlässlich der Vereidigungsfeier der neuen Schüler im März 1863 hielt der Kommandeur, Hauptmann von Stülpnagel, eine Ansprache, in der er sich unter anderem dazu verhielt, was die Schule zu bieten hatte, und die, weil sie treffend das Lebensgefühl der Zeit kennzeichnet, hier auszugsweise wiedergegeben werden soll: „Und was bieten wir Euch! Zunächst die Kameradschaft, die Hoch und Niedrig, die ganze Armee umfasst, den Nebenmann Euch Kamerad rufen lässt und dem Könige in Herz und Mund legt, Euch so zu nennen. Es ist im Einzelnen das Entgegenkommen und die Geduld Eurer Stubengenossen, Eure kleinen Untugenden zu ertragen. – Es ist von Euren Vorgesetzten die Versicherung, dass wir Euch als die von Gott durch Seine Majestät uns anvertrauten Kinder halten, aller Wege Recht und Gerechtigkeit üben und unsere Fertigkeiten, Kenntnisse und Erfahrungen anwenden wollen, Euch zu tüchtigen Unteroffizieren herauszubilden. Es sind ferner die von seiner Majestät in Aussicht gestellten Auszeichnungen und Belohnungen für treue Dienste und Tapferkeit im Kriege, es ist endlich und vor Allem das erhebende Bewusstsein, dass wir berufen sind, König und Vaterland mit Gut und Blut zu verteidigen, dadurch der göttlichen Ordnung dienen, und dass wir sicher sein können, mit unseren christlichen Pflichten auch die unseres Standes zu erfüllen, denn ein guter Christ ist immer ein guter Soldat!" Hierbei gilt es zu berücksichtigen, dass neben einem - auch heute relevanten - materiellen Angebotsspektrum dem preußischen Soldaten einerseits die Einbindung in eine von Idealismus und Altruismus geprägte Gemeinschaft geboten wurde und er andererseits als einfacher Mann in einer christlich geprägten Klassen- und Leistungsgesellschaft, unabhängig von der auch eröffneten Möglichkeit zu reüssieren, nirgendwo sonst derart nah und integriert dem Souverän fast familiär begegnen konnte. Die Metapher von dem Souverän als Vater, der seine Soldaten der Obhut der Ausbilder und Vorgesetzten anvertraut, hat durchaus Realbezug. Der Soldat wird in gewisser Weise zum Königskind. Nicht verkannt werden darf bei der heutigen Textrezeption auch, dass in dieser Zeit noch überwiegend die Religion als hauptsächliches Band der menschlichen Gesellschaft und Hüterin des moralischen Zustandes, der die Gesellschaft zusammenhält, verstanden und akzeptiert wurde. Erst die weitgehende Aufkündigung dieses mit Erfolg an das Verantwortungsbewusstsein jedes Einzelnen appellierenden gesellschaftlichen Konsenses nach 1918 hat als ein Kausalfaktor dem Totalitarismus den Weg mitgeebnet.

In den ersten Inspektionsbefehlen nach Unterstellung der Unteroffizierschule unter die Inspektion der Infanterieschulen wurde im Jahre 1872 zu den Ausbildungszielen folgendes ausgeführt: „ Die Instruktion darf nicht in Formenwesen, nicht allein in Gedächtniswerke ausarten, sie muss wieder die Quelle werden, aus der dem jungen Soldaten die geistige Nahrung unverfälscht zufließt. Belehrung und Erhebung der Seelenkräfte, Ausarbeitung aller schlummernden oder im Keime entwickelt daliegenden Kräfte, so dass der Mann freiwillig, halb unwillkürlich zu der Reife gedeiht, sich aller seiner ursprünglichen Fähigkeiten mit Bewusstsein und voller Kraft für seinen Lebenslauf bedienen zu können, das soll durch die Instruktion in der Unteroffizierschule erreicht werden."

In einem weiteren Inspektionsbefehl von 1878 heißt es: „Zweck der Unteroffizierschulen ist es, zu erziehen: einen moralisch gesitteten Menschen mit tiefpatriotischer Gesinnung und unerschütterlicher Treue an das Herrscherhaus, einen persönlich vollkommen gleichmäßig gut ausgebildeten Soldaten, einen praktischen Detail-Unteroffizier, befähigt, eine Rekrutenabteilung in allen Dienstzweigen unterrichten zu können, einen Korporalschaftsführer, einen für die besonderen Funktionsstellen angeleiteten Unteroffizier und einen für alle Zeit der Schule dankbaren Menschen."

1882 wurde Generalmajor von Sanitz, der für seine unbeugsame Willenskraft bekannt war, zum Inspekteur der Infanterieschulen ernannt. Sanitz verfasste eine Direktive für den Schulunterricht und äußerte sich zu den Ausbildungszielen grundsätzlich wie folgt: „Die moralische Erziehung des Füsiliers will ich in erste Linie gestellt und seine dienstliche unablässig auf die nächsten praktischen Aufgaben des Berufs in der Armee gerichtet wissen. Wir müssen einen zuverlässigen Unteroffizier mit ernsten Dienstauffassungen, der seine Schuldigkeit tut, auch wenn er nicht gesehen wird, der frei ist von Augendienerei nach oben und Brutalität nach unten, erziehen. Außerdem müssen wir ihn anleiten, abgesehen von seiner persönlichen, musterhaften Ausbildung als gemeiner Soldat, zum praktisch brauchbaren Korporalschaftsführer sowie zum Exerzierer und Instrukteur einer Rekrutenabteilung und zum schneidigen Gruppen- und umsichtigen Patrouillenführer. Erst wenn er in der Armee diesen Aufgaben genügt, wird die Möglichkeit, sich in bevorzugtere Stellungen des Unteroffizierstandes hinaufzuarbeiten, an ihn herantreten. Besser keinen Unterricht, als solchen, der nicht innerlich anregt und praktisch fördert." Über Generalmajor von Sanitz pflegte Kaiser Wilhelm I. zu sagen, dass er glaube, wenn Sanitz in den Himmel komme, stehe der Soldatenkönig von seinem Platz auf und ziehe den Hut.

Der im Jahre 1887 als Inspekteur der Infanterieschulen neu ernannte Nachfolger, General von Bergmann, betonte folgendes: „Die Lehrkraft des Unteroffiziers beruht mehr auf einem möglichst hohen Grade der eigenen Ausbildung in allen Dienstzweigen, also auf eigenem Können und Wissen, als auf dem Geschick zu kommandieren, zu korrigieren, zu tadeln, zu maßregeln und zu schurigeln. Wird auf dieses Geschick zu früh und zu hoher Wert gelegt, so führt das, wie psychologisch nur zu erklären, einerseits zur Überhebung und weiterhin zu Misshandlungen der Untergebenen, andererseits zum Verzicht auf eigenes Arbeiten und Abmühen."

Mit der Reaktivierung der Unteroffiziersschulen im Rahmen der Wiedereinführung der Wehrpflicht 1935 wurde nach 17jähriger Pause im Wesentlichen an die bekannten und bewährten Muster der Unteroffiziersausbildung bis 1918 angeknüpft, allerdings nicht mehr an diesem Standort. Instruktiv ist insoweit die Denkschrift des Inspekteurs für Erziehung und Bildung im Heere, General Frießner, die im Einklang mit den bis 1918 formulierten Ausbildungszielen ausführt: „Unser Streben ist, den neuen Unteroffizier vor allem mit der Kunst vernünftiger Menschenbehandlung und richtiger Menschenführung vertraut zu machen. Einwandfreie Lebensführung und beispielhaftes Fachkönnen werden zum Grundsatz erhoben. Überheblichkeit, Machtanmaßung sowie Kasernenhofentgleisungen, welche oft zu abfälliger Kritik Anlass gegeben haben, werden nicht geduldet, sondern sollen schwer geahndet werden. Es sollen Unteroffiziere herangebildet werden, die nichts mit Leuteschinderei oder 08/15-Typen gemeinsam haben.

Auf der Grundlage dieser Ausbildungsrichtlinien, Inspektionsbefehle und Schulregularien ist es gelungen, für die preußisch-deutsche Armee Unteroffiziere auszubilden, die bei tentativer Betrachtung im internationalen Maßstab ihrer Zeit besser gebildet, besser fachlich ausgebildet und besser auf die spätere Integration in die Zivilgesellschaft vorbereitet, aber auch wesentlich selbständiger und entscheidungsfreudiger waren, als vergleichbare Funktionsträger anderer Streitkräfte. Mit dem Ende des 2.

Weltkrieges endete auch das Modell der Unteroffiziersschule. Die Bundeswehr hat sich für ein Modell der Qualifikation im Rahmen schon bestehender und ausgeübter soldatischer Dienstverhältnisse durch Fortbildungslehrgänge entschieden.

3. BAU DER UNTEROFFIZIERSCHULE

Die in ihrem formalen Baukörper und der denkmalgeschützten Fassade noch heute erhaltene Kasernenanlage in der Jägerallee 10 - 12 wurde nach einer Bauzeit von zweieinhalb Jahren im Frühjahr 1828 fertiggestellt und am 1. April 1828 von der zu diesem Zeitpunkt noch „Schulabteilung" genannten Unteroffizierschule bezogen. Zuvor, in der Zeit vom 12. Mai 1825 bis zum 1. April 1828, war die Schulabteilung in der Kaserne am Neustädter Tor, die bis 1825 noch als Lazarett für das Füsilier-Bataillon des 1. Garde-Regiments zu Fuß und das Garde-Jägerbataillon gedient hatte, untergebracht. Vor dem Baubeginn in der Jägerallee mussten die Reste des Jägerhofes abgetragen werden, die zu diesem Zeitpunkt nur noch aus einigen „unansehnlichen königlichen Jägerhäusern" bestanden. Bereits von den Zeitgenossen wurde der Neubau als „wahrer Prachtbau" wahrgenommen. Hervorgehoben wurden die schlichte, klassizistische Bauart, die bequemen Zugänge, die geräumigen und hellen Treppen und Flure, die hohen und luftigen Säle sowie die Bilder und Waffendekorationen, wodurch in der Gesamtschau ein wohnlicher und freundlicher Charakter entstanden sei.[27]

Die Baupläne stammten von dem Baurat in der preußischen Militärbauverwaltung Johann Georg Karl Hampel, der 1839, nunmehr als Direktor der preußischen Militärbauverwaltung, auch die Kaserne des 1. Garde-Ulanen-Regiments am Luisenplatz projektierte. Begutachtet und durch Fassadenzeichnungen ergänzt wurden die Pläne von dem Mitglied der Oberbaudeputation in Potsdam und der Ikone des Preußischen Klassizismus Karl-Friedrich Schinkel. Als Leiter der obersten Baubehörde in Preu-

---

[27] Versen, Geschichte der Unteroffizierschule in Potsdam, Anlage 6 „Kasernement",

ßen hatte Schinkel die Aufgabe, an der Erhaltung der künstlerischen Eigenart Potsdams mitzuarbeiten und die Gestaltung neuer Bauten im Stadtbild in baukünstlerischem Sinne zu begleiten. Seit etwa 1820 ist Schinkels Tätigkeit in Potsdam aktenmäßig belegt. Wie hier in der Jägerallee ist nicht alles von ihm selbst ausgeführt worden, aber alles wurde doch in seinem Büro unter seiner Leitung und auf seine Anregung hin bearbeitet. Für die Kasernenanlage in der Jägerallee 10 - 12 legte Schinkel drei Fassadenpläne aus seinem Entwurfsbüro vor, von denen zwei Eingang in das Schinkel-Museum fanden. Schinkel hielt ein flaches Zinkdach als Referenz an die damals ländlich geprägte Gegend für notwendig. Entwurf I sah gewöhnliche Fenstereinstellungen vor, die Schinkel bei der Menge von Öffnungen als zu monoton und für die Masse nicht kräftig genug empfand. Entwurf II basierte auf dem römischen Gewölbestil und sah Bogenfenster mit Kämpferbögen vor. Zur Ausführung gelangte der Entwurf III, der klassizistisch elegant gehalten war und nicht zuletzt wegen der geteilten Dreifachfenster verbunden mit starkem Lichteinlass den Vorzug erhielt.[28] Allerdings sah der Plan auch in der Gebäudemitte Loggien mit Säulen vor, die - möglicherweise aus fiskalischen Gründen - nicht zur Ausführung gelangten.

Das ursprüngliche Hauptgebäude ist durch einen nördlichen und südlichen Seitenflügel begrenzt und noch heute gut erkennbar. Erweiterungsbauten erfolgten 1865 und zwischen 1908 und 1911. 1865 wurde aufgrund der Erhöhung des Schuletats und der Anzahl der Schüler das Hauptgebäude nach Norden verlängert. Außerdem wurde der Pferdestall erweitert. 1867 wurde die gesamte Liegenschaft mit einer massiven Grenzmauer umgeben sowie eine Turnhalle, ein Feuerlöschgeräteschuppen und eine Schlammabflussgrube errichtet. 1878 erfolgte der Umbau des Schulsaales V durch Entfernung der Säulen. Im Zeitraum 1908 bis 1911 wurde der nördliche Erweiterungsbau mit einem Kopfbau versehen und es wurden ein Wirtschaftsgebäude, ein Familien-

---

[28] Baller / Reinholz, Das alte Potsdam des Prof. Dr. Hans Leopold Kania, Band 1, S. 36 f.,

wohnhaus, eine Büchsenmacherei, ein neuer Pferdestall und ein Exerzierhaus gebaut.

Bei der Ersterrichtung war die Anlage der stilistisch und technisch führende Kasernenbau in Preußen. Kulminationspunkt der technischen Innovation mit Alleinstellungscharakter war die Heißlufheizanlage. Die Unteroffizierschule Potsdam war die erste moderne Truppenkaserne, die eine Heißluftheizung für sämtliche Zimmer erhielt. Für die Heißluftheizung als dritte Variante einer modernen Heizanlage im 18. und 19. Jahrhundert neben der Niederdruckdampfheizung und der Warmwasserheizung kann Potsdam zwar nicht als Entwicklungsort, aber als zentraler Innovationsort genannt werden. Friedrich der Große hatte von dem mehrere Jahre in Russland weilenden General von Manstein, der 1757 bei Aussig fiel, Kunde sowie eine Zeichnung von der Heißlufheizung für den großen Redoutensaal in Petersburg erhalten. Daraufhin wurde 1755 die erste Heißluftheizung in Preußen auf Geheiß des Königs für dessen Arbeitszimmer im Stadtschloss zu Potsdam installiert. Die im Untergeschoß erzeugte Heißluft wurde durch eine Öffnung, die mit einer Drosselklappe zur Regulierung der Luftzufuhr versehen war, in das Arbeitszimmer geleitet. Erstmalig in großem Stil und mit innovativer Technik wurde 70 Jahre nach der ersten Heißluftheizung in Potsdam die zweite Heißluftheizanlage in Potsdam für die Unteroffizierschule in der Jägerallee konzipiert. Um die Wohnräume und Säle zu beheizen wurden im Kellergeschoss sechs Heizkammern mit Öfen angelegt, wobei die Heizungskanäle vertikal ausgeführt und zu diesem Zweck die Heizkammern bis unter den Fußboden vertieft wurden. Jedes Zimmer erhielt eigene Wärmekanäle, die durch Pfeiler in der Mitte der Scheidewände der Zimmer geführt wurden. Die Mündungen der Wärmekanäle wurden mit eisernen Schiebern versehen und durch Drahtgeflechte gegen Verunreinigung geschützt. In den Korridorwänden wurden Hauptleitungen für kalte Zimmerluft in der Art verbaut, dass für drei übereinanderliegende Zimmer ein Kanal bis zu den Heizkammern geführt wurde. In jedem Zimmer befand sich ca. 30 cm über dem Boden eine quadratische Öffnung mit Schieber. Die Säle erhielten jeweils zwei mit Schiebern verschlossene Wärmekanäle in den Mittelpfei-

lern und vier Kaltluftkanäle in den Frontwandpfeilern.[29] Sowohl
die Dimension der Anlage als auch der erstmalige Einbau von
Kaltluftkanälen nach dem Zirkulationssystem waren bei der Errichtung der Unteroffizierschule singulär und dokumentierten die
Spitze des technischen Fortschritts. Die ab 1865 erfolgten An-
und Umbauten wurden allerdings ungeachtet der Zweckmäßigkeit
für die Nutzer unter künstlerisch-ästhetischen Gesichtspunkten
als misslungen bewertet. So wurde - nicht zu Unrecht - moniert,
dass die ursprünglich fein empfundene und durchkomponierte
Fassade durch die in der Mitte eingesetzten großen Bogenfenster
ihres ursprünglichen Baugedankens beraubt worden sei und die
das ursprüngliche Stilelement kopierenden Erweiterungsbauten
den Eindruck der Eintönigkeit befördert hätten.[30]

Die ursprüngliche Kasernenanlage umfasste das Hauptgebäude mit einem nördlichen und südlichen Seitenflügel, eine Bedürf-
nisanstalt und einen Pferdestall. Als Exerzierplatz wurde der vor
der Gebäudefront in der Jägerallee angelegte Kiesplatz genutzt.
Innerhalb des Kasernengebäudes befanden sich die Wohnung des
Kommandeurs, fünf Offizierswohnungen, die Wohnung des
Zahlmeisters, Wohnungen für vier verheiratete Feldwebel und
einen verheirateten Unteroffizier, aufgeteilt in vier Reviere die
Stuben für Unteroffiziere und Mannschaften, vier Unterrichtssä-
le, ein als Bibliothek und Musizierraum genutzter Saal, die Wach-
stube, die Offizier-Speiseanstalt, ein Unteroffizier-
Versammlungszimmer, eine Revierkrankenstube, Werkstätten,
eine Montirungskammer (Bekleidungskammer) und Trockenbö-
den. Außerdem befanden sich im Kellergeschoß noch Küchen für
Unteroffiziere und Mannschaften, eine Badestube, eine Waschkü-
che, eine Kasernenwärterwohnung sowie Kantinenräume und
Vorratsräume für Kohlen und Küchenvorräte. Die Wasserversor-
gung erfolgte über die städtische Wasserleitung und durch sechs
Hofbrunnen. Geheizt wurde mit Kohlenfeuerung und illuminiert
mit Gas und Petroleum. Der nördliche Seitenflügel teilte den
Rückraum der Kaserne in zwei Höfe, die als weitere Exerzier-

---

[29] Baller / Reinholz, Das alte Potsdam des Prof. Dr. Hans Leopold Kania, Band 1, S. 180,

Band 3, S. 125 ff.

[30] Baller/ Reinholz, Das alte Potsdam des Prof. Dr. Hans Leopold Kania, Band 1, S. 181

und Turnplätze genutzt wurden. Rings um den Hof zogen sich kleine Gärten, die abschnittweise der Speiseanstalt, dem Kommandeur, dem Zahlmeister und den Kompanien zugewiesen waren. Im Treppenhaus hingen die Ehrentafeln mit den Namen der in den deutschen Einigungskriegen Gefallenen und Ausgezeichneten der Unteroffizierschule.

Von der staats- und militärpolitischen Bedeutung der neuen Kaserne und der dort im Jahre 1828 eingezogenen Schulabteilung künden die hochrangigen Besuche und Inspektionen. Noch am Vormittag des am 1. April 1828 erfolgten Erstbezuges erschien der Preußenkönig Friedrich Wilhelm III. und ließ sich durch den Kommandeur und mehrere Sachverständige sämtliche Räume eingehend zeigen und deren Zweck erklären. Er nahm auch die Stuben und die Offizierswohnungen in Augenschein und äußerte seine volle Zufriedenheit und Anerkennung über die Schönheit und Zweckmäßigkeit des Baukörpers. Bald darauf erschienen der Kronprinz, der spätere König Friedrich Wilhelm IV., Prinz Albrecht und Herzog Carl von Mecklenburg zu Inspektionen. Am 19. April 1828 besichtigte Prinz Wilhelm, der spätere Kaiser Wilhelm I., die Kaserne. Am 25. September 1828 besuchte der Herzog von Coburg die Schulabteilung. Bis zur Auflösung der Unteroffizierschule Potsdam blieb die Kaserne ein gefragtes Besichtigungsziel für hochrangige Politiker sowie in- und ausländische Militärsachverständige.

4. CHRONOLOGISCHE SCHLAGLICHTER AUS DER GESCHICHTE DER UNTEROFFIZIERSCHULE

Auch wenn die Darstellung der Konzeption und Ausbildungsziele den Schlüssel für das Verständnis der Unteroffizierschule bildet, so eröffnet doch erst der exemplarische Blick auf Ereignisse und handelnde Personen eine zumindest rudimentäre bildliche Vorstellung von dem Leben und Arbeiten auf der Liegenschaft Jägerallee 10 - 12 in Potsdam im jeweiligen gesellschaftlichen Kontext. Ein solcher Versuch, den abstrakt–theoretischen Schleier zu lüften und in Reflexion mit den gesellschaftlichen Rahmenbedingungen hinter die Portale der Kaserne zu sehen, soll mit den chronologischen Schlaglichtern unternommen werden. Deren Auswahl ist weder abschließend noch repräsentativ, sondern vielmehr allein im Hinblick auf ihre impressionistische Wirkmächtigkeit erfolgt.[31]

1831 wurden Preußen und Potsdam von der Cholera heimgesucht. Cholera ist eine durch das Bakterium Vibrio cholerae ausgelöste Infektionskrankheit, die vorwiegend den Dünndarm befällt und zu Durchfällen und Erbrechen führt. Die Übertragung erfolgt durch verunreinigtes Trinkwasser und verunreinigte Nahrung. Ohne rasche Behandlung kann die Erkrankung zum Tod durch Austrocknung führen. Bei schweren Krankheitsformen ist ein schneller Ausgleich des Wasser- und Mineralstoffverlustes durch Zufuhr mineralstoff- und traubenzuckerhaltiger Lösungen mittels Infusion geboten. Diese Zusammenhänge waren allerdings in der 1. Hälfte des 19. Jahrhunderts noch weitgehend unbekannt. Über die Verhaltensmaßregeln in der Unteroffizierschule wird für das Jahr 1831 berichtet, dass immer dann, wenn ein Cholerakranker aus einer Stube getragen wurde, das Hornsignal „Kolonne formieren" geblasen wurde und daraufhin niemand mehr die Stube verlassen durfte. Wer sich auf Fluren oder Treppen aufhielt, musste die nächste Stube aufsuchen. Wer sich im Hof aufhielt, musste dort mit mindestens 20 Schritt Abstand vom Portal verbleiben. Erst nach dem Hornsignal „Schwärmen", welches einige Zeit nach dem Abtransport des Erkrankten gegeben wurde, durften die Schüler, nachdem in sämtlichen Räumen die Fenster geöffnet waren, sich wieder frei bewegen. Ein besonders beklagtes Opfer der Epidemie des Jahres 1831 war der am 24. August 1831 in Posen verstorbene Feldmarschall von Gneisenau. Choleraepidemien stellten für die Gesellschaft und auch das preußische Militär noch bis weit in die 2. Hälfte des 19. Jahrhunderts ein ernstes Problem dar. So berichtet Fontane aus der Zeit des deutschen Krieges 1866 von einer die preußische Armee heimsuchenden Choleraepidemie in den Räumen Brünn, Lundenburg, Kremsier, Prag und Gitschin, die hauptsächlich in den Monaten Juli und August wütete und 6427 Opfer unter den preußischen Soldaten

---

[31] Die Schlaglichter basieren, soweit nicht anders dokumentiert, auf Hinweisen bei Versen, Geschichte der Unteroffizierschule in Potsdam

forderte. Damit waren die durch die Seuche bedingten Verluste höher als die mit 4450 Gefallenen bezifferten Kampfverluste. Auch die Kommandeure der 2. Division, von Clausewitz, des VI. Korps, von Mutius, und der 2. Kavallerie-Brigade, von Pfuel, blieben nicht verschont.[32]

Zu den Herbstübungen des Gardekorps im Jahre 1838, an denen auch der dritte Jahrgang der Unteroffizierschule im Rahmen des Lehr-Infanterie-Bataillons teilnahm, wurden die Truppen unter aufmerksamer Beobachtung des Königs von der Plattform des Bahnhofsgebäudes erstmalig mit der Eisenbahn transportiert.

In einem Korpsbefehl von 1842 wegen „schlecht oder nicht vorschriftsmäßig erwiesener Ehrenbezeugungen vor seiner Majestät", dem 1840 inthronisierten Friedrich Wilhelm IV., als deren Ursache das Nichterkennen der Person galt, wurden eingehende Instruktionen an die Mannschaften über das Aussehen der Mitglieder der Herrscherfamilie erteilt. Zudem wurden die Angehörigen der Schulabteilung wegen der für diese bestehenden besonderen Schwierigkeit, den König zu erkennen, an den Sonntagen in den Lustgarten geführt, um sich die Gestalt des Königs bei der Abnahme der Kirchenparaden einzuprägen.

Am 24. Mai 1852 wurde anlässlich des Besuches des Zaren Nikolaus von Russland ein Probeschießen im Katharinenholz abgehalten, an dem auch die Schulabteilung teilnahm. Es wurde auf mannsbreite weiße Scheiben mit Spiegel und Strich geschossen. Der Zar von Russland inspizierte vor dem Schießen sämtliche Scheiben, wertete persönlich an den Scheiben alle Schießergebnisse aus, zeigte sich mit seinen Bündnispartnern zufrieden und toastete auf die preußische Armee.

Die Weihnachtszeit 1852 sah die Unteroffizierschule Potsdam als Domizilgeber für eine Weihnachtsfeier des Prinzen Friedrich

---

[32] Fontane, Der deutsche Krieg von 1866, Band II, S. 327 ff.

Wilhelm von Preußen, der sich 1888 in seiner nur 99 Tage währenden Regentschaft als Deutscher Kaiser Friedrich III. nennen sollte und von einigen als „liberaler Hoffnungsträger" der Monarchie gesehen wurde. Friedrich Wilhelm von Preußen war zu jener Zeit Hauptmann und Chef der 6. Kompanie des 1. Garde-Regiments zu Fuß. Auf der Suche nach geeigneten Räumlichkeiten für eine Weihnachtsfeier mit seiner Kompanie fand er die Unterstützung des Kommandeurs der Schulabteilung, der ihm einen Schulsaal in der Unteroffizierschule in der Jägerallee zur Verfügung stellte. So fand sich zur Weihnachtszeit die 6. Kompanie des 1. Garde-Regiments zu Fuß in der Jägerallee ein und wurde unter brennenden Weihnachtsbäumen von dem späteren Kaiser Friedrich beschenkt.

1864 wurde der preußische Feldzug gegen Dänemark zur Befreiung der Elbherzogtümer Schleswig und Holstein geführt, an dem neben den Ausbildern der Unteroffizierschule auch einige Schüler des letzten Ausbildungsjahres teilnahmen. Am 17. Dezember 1864 wurde eine Abordnung von 15 Angehörigen der Unteroffizierschule unter Führung des Leutnants von Treskow zum Empfang der siegreich aus dem Krieg gegen Dänemark zurückgekehrten Gardetruppen an den Pariser Platz in Berlin beordert und am 18. April 1865 waren alle Teilnehmer der Unteroffizierschule am dänischen Feldzug zur feierlichen Grundsteinlegung für die Siegessäule in Berlin geladen.

Im Mai 1865 erhielt die Unteroffizierschule zum Geschützexerzieren einige Geschütze zugeteilt, die vor der Kaserne platziert und bewacht wurden. Die Bespannung und die Geschützführer stellte der Nachbar in der Jägerallee, das 3. Garde-Ulanen-Regiment. Diese Einheit, deren Kaserne vermutlich auch Carl Georg Hampel errichtet hat, wurde im Zuge der zum Verfassungskonflikt führenden und von dem neu berufenen Ministerpräsidenten Bismarck durchgesetzten Heeresreform aufgestellt, die das preußische Militär im Vergleich mit anderen Militärmächten erst wieder handlungsfähig machte. In der Kaserne des 3. Garde-Ulanen-Regiments befanden sich im Übrigen nach dem 2. Weltkrieg zeitweilig die sowjetische Militärstaatsanwaltschaft und eines der berüchtigtsten Militärgefängnisse der Roten Armee.

Am 6. Mai 1866 erfolgte die Mobilmachung gegen Österreich, wobei nur der jüngste Jahrgang im Schulbetrieb verblieb.

Im Sommer 1867 trug sich in der Jägerallee 10 - 12 folgende Episode zu: In der östlichen Umgrenzungsmauer befand sich eine kleine Pforte, die für Offiziere und Personen mit Einlasskontrolle den Zugang zu dem Lokal „ Voigts Blumengarten" und der Spandauerstraße vermittelte. Zu jener Zeit erschien in Begleitung eines Offiziers der Polizeipräsident von Potsdam in der Kaserne. Nach längerem Verweilen wollte der Polizeipräsident sich durch diese Pforte, durch die er gekommen war, wieder nach Hause begeben. Als der diensthabende Posten dies bemerkte, forderte er den Polizeipräsidenten gemäß der Kasernenordnung (Instruktion) auf, sich auf der Wache anzumelden. Als der Polizeipräsident, der es wohl eilig hatte, sich trotz eindringlicher wiederholter Warnungen des Postens zu dem Umweg, dessen Sinnhaftigkeit er nicht einsehen wollte, nicht bereitfand, sperrte der Posten den obersten Hüter des Gesetzes in Potsdam ins Schilderhaus. Dort musste der Polizeipräsident einige Stunden in misslicher Lage ausharren, bis er erkannt und befreit wurde. Das streng vorschriftsmäßige Handeln des Postens dürfte manchem heutigen Nutzer der Liegenschaft, der als Staatsanwalt und Herr des Ermittlungsverfahrens mit Unbotmäßigkeiten polizeilicher Ermittlungshelfer zu kämpfen hat, deren Ursachen meist aber nicht in der Person der jeweiligen Ermittlungshelfer, sondern in der mangelnden Kooperationsbereitschaft der höheren Polizeiführung zu suchen sind, nicht unsympathisch sein.

Am 20. Juli 1868 fand eine Übung der gesamten Potsdamer Garnison mit gemischten Waffen statt, bei welcher die Stadt Potsdam dadurch „arg in Mitleidenschaft gezogen" wurde, dass ein Südkorps, zu dem auch die Unteroffizierschule gehörte, das im Stadtkern sitzende Nordkorps angriff und durch die ganze Stadt über die lange Brücke bis zum Bornstädter Feld und weiter nach Berlin-Spandau vordrang.

Am 16. Juli 1870 ging auch in der Unteroffizierschule Potsdam der Mobilmachungsbefehl aufgrund der zuvor erfolgten französischen Kriegserklärung an Preußen ein. Am 24. Juli wurden alle bereits kriegsverwendungsfähigen Teile der Unteroffizierschule in Marsch gesetzt. Anfang September 1870 wurde für die Dauer der Mobilmachung bis Juni 1871 der Hauptmann der Landwehr Luck zum Kommandeur der Unteroffizierschule Potsdam berufen, die mit zwei Kompanien den Dienstbetrieb fortsetzte.[33]Diese Mitteilung ist vor dem Hintergrund der heutigen Nutzung der Liegenschaft besonders interessant und lohnt einen näheren Blick auf die Person des Interimskommandeurs in der Unteroffizierschule. Der Hauptmann der Landwehr Luck amtierte nämlich hauptberuflich als Staatsanwalt in Potsdam. Natürlich konnte er nicht ahnen, dass der Amtssitz seiner Mobilmachungskommandierung knapp 150 Jahre später der Sitz der Staatsanwaltschaft Potsdam sein würde. Ludolf von Luck wurde 1817 in Münster geboren, besuchte die Gymnasien in Detmold und Münster, studierte Rechtswissenschaften in Berlin und Paris, wurde 1846 Richter in Spandau, 1847 Hilfsassessor im preußischen Justizministerium , 1848 Richter in Nordhausen, 1849 Staatsanwaltsgehilfe in Beeskow, 1850 Staatsanwalt in Wriezen, 1856 Staatsanwalt in Potsdam sowie 1872 Oberstaatsanwalt in Marienwerder und am Kammergericht in Berlin.[34]Von rechtshistorischem Interesse ist seine partielle Befassung mit der sogenannten „Arnim Affäre" und den „Arnim Prozessen". Worum ging es? Der 1824 geborene Harry Graf von Arnim, ein begabter Jurist, der bereits mit 20 Jahren promoviert hatte, schickte sich lange Zeit mit Erfolg an, im diplomatischen Dienst zu reüssieren. Als Bevollmächtigter für die Geschäfte des Friedensschlusses nach dem Deutsch-Französischen Krieg in Brüssel und später Frankfurt am Main war er unter dem Reichskanzler Bismarck maßgeblich an dem Vertragswerk beteiligt. Allerdings galt Arnim auch immer schon als hochmütig, arrogant und intrigant. Zum Bruch mit Bismarck kam es, als Arnim nach seiner Ernennung zum kaiserlichen Botschafter in Paris im Dezember 1871 die politischen Direktiven Bismarcks konterkarieren wollte. Bismarck, geleitet von dem Gedanken, dass eine linksrepublikanische französische Regierung

[33] Versen, Geschichte der Unteroffizierschule Potsdam, S. 58

[34] Wikipedia, Eintrag zu „Ludolf von Luck"

als Bündnispartner für Russland und Österreich-Ungarn inakzeptabel sein musste, forderte die Unterstützung der amtierenden republikanischen Regierung in Frankreich unter Thiers. Außer bündnistaktischen Überlegungen dürfte Bismarck auch bewogen haben, sein innenpolitisches Bündnis mit den Liberalen nicht zu belasten, und vor allem den in der kaiserlichen Thronrede im Frühjahr 1871 verkündeten Grundsatz der Nichteinmischung in die inneren Angelegenheiten souveräner Staaten zu wahren. [35] Diese außenpolitische Maxime ist - nicht unbedingt zum Segen der Völker - zusammen mit der Hohenzollernmonarchie liquidiert worden. Der im Altkonservativismus verwurzelte Arnim engagierte sich jedoch für ein monarchisches System in Frankreich. Als 1873 die Regierung Thiers in Frankreich stürzte, konnte man den - zutreffenden - Eindruck gewinnen, dass der deutsche Botschafter daran nicht unbeteiligt war.[36]Bereits zuvor durch manipulierte Berichte und wiederholte Insubordination herausgefordert[37]veranlasste Bismarck daraufhin die Versetzung Arnims, worauf dieser mit einer Pressekampagne antwortete, mit der er sich zum politischen Konkurrenten Bismarcks aufbaute. In der daraufhin eingeleiteten amtlichen Untersuchung gegen Arnim konnte er einer wissentlichen Falschmeldung überführt werden. Zudem stellte der neue deutsche Botschafter in Paris das Fehlen von 86 Aktenstücken fest, von denen nur wenige falsch abgelegt aufgefunden werden konnten. Als Arnim daraufhin tatsächlich einen Teil der Papiere zurückgab und sich im Übrigen unklar äußerte, veranlasste das Auswärtige Amt die Einleitung eines Ermittlungsverfahrens, in dessen Verlauf sein Wohnsitz Gut Nassenheide durchsucht, Arnim in Untersuchungshaft genommen und gegen Zahlung von 100.000 Talern haftverschont wurde. In dem Strafverfahren 1. Instanz vertrat Staatsanwalt Tessendorf, der später Oberreichsanwalt wurde, die Anklage und warf Arnim vorsätzliches Beiseiteschaffen von Urkunden vor, wofür er eine Freiheitsstrafe von 2 Jahren und 6 Monaten forderte. Das Berliner Stadtgericht verurteilte Arnim jedoch, weil es den Urkundencharakter der Schriftstücke verneinte, nur zu einer Freiheitsstrafe von 3 Monaten wegen Verwahrungsbruchs. Auf die beiderseitige Beru-

---

[35] Engelberg, Bismarck, S. 515 f.

[36] Engelberg, Bismarck, S. 515 f.

[37] Herre, Bismarck, S. 381 f.

fung kam es im Juni 1875 zu einer Verhandlung in 2. Instanz vor dem Königlichen Kammergericht, in der der nunmehrige Oberstaatsanwalt Luck die Anklage vertrat und Arnim wegen vorsätzlicher Beiseiteschaffung anvertrauter Urkunden zu einer Freiheitsstrafe von 9 Monaten verurteilt wurde. Bemerkenswert und für die Professionalität und Objektivität des ehemaligen Potsdamer Staatsanwalts und Kommandeurs der Unteroffizierschule sprechend ist die Medienberichtberichterstattung über diese Verhandlung. So heißt es beispielsweise in dem 1875 erschienen Anzeiger für das Fürstentum Ratzeburg Nr. 48: „ Aus den Verhandlungen ist noch hervorzuheben, dass der Oberstaatsanwalt von Luck selber den Angeklagten einen Mann von überaus großer geistiger Begabung genannt hat, wie denn überhaupt die durchaus maßvoll gehaltene Anklagerede desselben und zumal der darin überall hervortretende Gerechtigkeitssinn einen wohltuenden Eindruck macht. Andererseits ist es auch sehr erfreulich, dass die politischen Leidenschaften, wie sie durch die Verhandlungen 1. Instanz in außerordentlichem Grade aufgeregt waren, sich unterdessen gelegt und allseits einer kühleren und gerechteren Beurteilung Platz gemacht haben." Geradezu vertraut und aktuell erscheint uns der nächste Satz der Pressemitteilung, der lautet: „Ein Teil der liberalen Presse hat sich bitter beklagt, dass das gesamte Leben aus dem Prozess entwichen sei." Der Skandaljournalismus ist eben keine Erfindung unserer Tage. Die Erfahrungen mit diesem Prozess veranlassten Bismarck und das Auswärtige Amt ein Gesetzgebungsverfahren zu initiieren, an dessen Ende 1876 eine Norm in das Strafgesetzbuch aufgenommen wurde, die als „Arnim Paragraph" bekannt wurde und die wir in kaum veränderter Form noch heute im deutschen Strafgesetzbuch finden. Der Paragraph 353a StGB hat folgenden Wortlaut: „Vertrauensbruch im auswärtigen Dienst

(1) Wer bei der Vertretung der Bundesrepublik Deutschland gegenüber einer fremden Regierung, einer Staatengemeinschaft oder einer zwischenstaatlichen Einrichtung einer amtlichen Anweisung zuwiderhandelt oder in der Absicht, die Bundesregierung irrezuleiten, unwahre Berichte tatsächlicher Art erstattet, wird mit Freiheitsstrafe bis zu 5 Jahren oder mit Geldstrafe bestraft.

(2) Die Tat wird nur mit Ermächtigung der Bundesregierung verfolgt.

Gleichfalls von rechtshistorischem Interesse im Kontext mit dem Staatsanwalt, Interimskommandeur der Unteroffizierschule in Potsdam und späteren Oberstaatsanwalt Luck ist eine von ihm gemeinsam mit dem Regierungspräsidenten Neese am 24. Januar 1882 unterzeichnete Bekanntmachung der königlichen Regierung zu Potsdam, mit der nähere Ausführungsbestimmungen zu dem am 15. April 1878 in Kraft getretenen § 14 des Forstdiebstahlgesetzes getroffen wurden. § 14 des Forstdiebstahlgesetzes eröffnete als Kann-Bestimmung in einem spezifischen Deliktsfeld die Möglichkeit der Substitution der angedrohten Gefängnisstrafe durch Forst- oder Gemeindearbeit. Interessant erscheinen aus heutiger Sicht sowohl die gemeinsam bei dem Regierungspräsidenten und dem Oberstaatsanwalt verortete Erlasskompetenz, als auch der modern anmutende Gedanke des Angebotes von gemeinnütziger Arbeit zur Haftvermeidung.

Während des Krieges gegen Frankreich und damit in der Amtszeit des Schulkommandeurs Luck fielen 88 ehemalige Schüler der Unteroffizierschule Potsdam. Weiterhin wurden aus dem Kreis der ehemaligen Schüler drei wegen Tapferkeit vor dem Feind zu Offizieren befördert und 452 mit Orden ausgezeichnet.

Am 28. April 1871 nahm der aus Frankreich zurückgekehrte König und nunmehrige Kaiser Wilhelm I. im Lustgarten in Potsdam eine Parade der Ersatztruppen und der Unteroffizier-schule ab, bei der er dem Staatsanwalt Luck die vollste Zufriedenheit mit der Haltung, dem Marsch und dem Aussehen der Unteroffizierschule aussprach. Bereits zuvor mit Kabinettsorder vom 29. März 1871 war Luck der Charakter als Major verliehen worden.[38]

---

[38] Versen, Geschichte der Unteroffizierschule in Potsdam, S. 59

Ein besonderes Ereignis für die Unteroffizierschule war die Feier zum 50 jährigen Bestehen 1874. Der Kaiser genehmigte nicht nur umfangreiche Festveranstaltungen, sondern verlieh der Unteroffizierschule als besondere Auszeichnung und erstmalig für eine Militärschule auch eine eigene Fahne. Hunderte ehemalige Schüler aus ganz Deutschland reisten zu den Feierlichkeiten an. Die gesamte Rückseite der Kaserne war mit dem Namenszug des Kaisers sowie Wappen und Fahnen aller deutschen Länder geschmückt. In den Kasernenhöfen wurden grüne Masten mit Fahnenbüscheln aufgestellt und zwei große Zelte zur Bewirtung errichtet. Bei dieser Gelegenheit wurden auch im Kasernenhofeingang die Ehrentafeln für die in den deutschen Einigungskriegen Gefallenen und Ausgezeichneten angebracht. Die Feier begann mit einem Gottesdienst vor einem im Kasernenhof errichteten Altar, der von einem Sängerchor begleitet wurde. Nach den Festansprachen formierten sich die vier Kompanien der Unteroffizierschule in einer Stärke von 570 Mann in Hufeisenform zur Paradefront und zum anschließenden Parademarsch, der von den beiden anwesenden Generälen und dem Inspekteur der Infanterieschulen abgenommen wurde. Anschließend wurde getafelt und am Abend spielten in den mit Laternen illuminierten Kasernenhöfen Militärkapellen auf bis Feuerwerksraketen in den nächtlichen Himmel prasselten und das Fest beendeten.

Von nicht minderer Bedeutung für die Unteroffizierschule war die feierliche Übergabe der verliehenen Fahne am 30. August 1874. Zu diesem Zweck rückte die gesamte Unteroffizierschule um 9.30 Uhr in den Lustgarten vor dem Stadtschloss ein, nahm in Bataillonsfront Aufstellung und marschierte zum Gottesdienst in die Garnisonkirche. Um 9.45 Uhr begaben sich der Kaiser, der Kronprinz, Prinz Karl und der Prinz von Wales, der in Potsdam zu Besuch weilte, in die Sakristei der Garnisonkirche und jeder der vier Herren schlug einen Nagel in die Fahnenstange. Sodann gingen sie in die königliche Loge, wo bereits die Kaiserin, die Kronprinzessin, die Gemahlin von Prinz Karl und Prinzessin Alexandrine warteten. Mit Beginn der Liturgie traten zwei Offiziere und der Fahnenträger mit der Fahne hinter den Altar, so dass sie unterhalb der Kanzel vor der Königsgruft standen. Nach der Predigt trat der Fahnenträger mit der Fahne vor den Altar, wo sie der Hofprediger Rogge unter den Augen des Kaisers weihte. Nach der kirchlichen Feier paradierte die Unteroffizierschule erstmalig mit der neuen Fahne im Lustgarten. Die Fahne selbst war die der Linienregimenter, nämlich ein schwarzes Kreuz auf weißem Fahnentuch, in den vier Ecken der Namenszug des Kaisers und in der Mitte der preußische Adler mit der Inschrift „Pro gloria et patria". Unter dem Fahnentuch befand sich am Fahnenschaft die Inschrift: „U. S. Potsdam".

Nach dem Tod Kaiser Wilhelms I. am 9. 3. 1888 leistete die gesamte Unteroffizierschule am 10. 3. 1888 den Treueeid auf Kaiser Friedrich III. und eine Kompanie nahm an den Trauerfeierlichkeiten in Berlin Teil.

Als am 15. Juni 1888 auch der bei der Thronbesteigung bereits schwer erkrankte Kaiser Friedrich III. verstarb und in der Friedenskirche in Potsdam beigesetzt wurde, beteiligte sich mit der Potsdamer Garnison auch die Unteroffizierschule.

Am 16. Juni 1888 trat die Unteroffizierschule an, um auf Kaiser Wilhelm II. vereidigt zu werden.

Am 25. Mai 1890 ereignete sich unmittelbar vor der Vorderfront der Kaserne ein Ereignis, das heute die Boulevardpresse und die Handyphotographen anlocken würde. Am ersten Pfingsttag kam Kaiser Wilhelm II. in Begleitung des Erbprinzen von Sachsen-Meiningen in einer leichten Kutsche, die er selbst lenkte, bespannt mit einem von dem russischen Zaren geschenkten Troikagespann in scharfem Trabe die Marienstraße, heute Gregor-Mendel-Straße, entlang gefahren und bog in die Jägerallee ein. Das Gespann, wohl zu ungestüm gefahren, kollidierte beim Einbiegen in die Jägerallee mit einem am Bürgersteig befindlichen Prellstein und schleuderte den Kaiser auf die Straße. Der diensthabende Unteroffizier Döring sprang hinzu, um dem Kaiser zu helfen. Kaiser Wilhelm II., da unverletzt, lehnte dies jedoch ab und begab sich zur anderen Straßenseite, an der das ohne den Kaiser führerlose Gefährt umgestürzt war und den Erbprinzen von Sachsen-Meiningen zu Fall gebracht und am Kopf verletzt hatte. Mit der nachfolgend die Unfallstelle erreichenden Kutsche der Kaiserin konnte die Fahrt bis zur nahegelegenen Wohnung des Majors von Mitzlaff fortgesetzt und der Erbprinz erstversorgt werden. Von einem etwaigen Eintreffen der Polizei oder gar einem Ermittlungsverfahren wegen des Verdachtes der fahrlässigen Körperverletzung ist nichts bekannt.

Am 18. August 1890 richtete die Unteroffizierschule Potsdam ein Sommerfest aus, zu dem auch zahlreiche Gäste geladen waren. Im Mittelpunkt standen Belustigungen mit teilweise militärischem Charakter und Vorführungen, die die besonderen Leistungen der Unteroffizierschüler im Schauturnen, Preisfechten und Wettlaufen zeigen sollten. Eine besondere Attraktion waren die Pantomimen unter den Bezeichnungen „Die Kameruner Löffelgarde" und „Die Eroberung von Ostafrika", die die Natur Afrikas mit seinen Gewohnheiten und Bewegungen darstellten. Obgleich solche Darstellungen nicht mehr dem heutigen Zeitgeist entsprechen mögen, so indizieren sie doch keineswegs Berührungsängste, Vorbehalte oder gar Missachtung gegenüber Afrikanern. Vielmehr wurden Afrikaner in der Gesellschaft des Kaiserreiches durchaus akzeptiert, wenn sie integrationswillig waren. Dies dokumentieren exemplarisch die afrikanischen Kesselpauker in den Potsdamer Garden, Arara aus Togo und Elo (Wilhelm) Sambo aus Kamerun. Nach ihrer militärischen und musikalischen Ausbildung - Arara war Unteroffizierschüler in Potsdam - erfreuten sie sich allgemeiner und allerhöchster Wertschätzung. Den zweiten Vornamen Wilhelm erhielt Elo Sambo als Patenkind des Kaisers.

Im März 1891 durften einige Unteroffizierschüler mit dem Kaiser auf einem von Kiel georderten Torpedoboot, das an der Matrosenstation in Potsdam stationiert wurde, von Potsdam nach Berlin fahren.

Am 20. Mai 1893 besichtigte der Kaiser die auf dem Bornstädter Feld mit anderen Garnisontruppen angetretene Unteroffizierschule.

Am 1. August 1893 veranstaltete die Unteroffizierschule ein Turnfest auf dem Kasernenhof.

Am 5. Juli 1894 besichtigte der japanische Generalmajor Yasukata Oku nebst Begleitung die Unteroffizierschule, nachdem schon zuvor am 5. Juni 1893 der japanische Oberst Takahaski die Schule inspiziert hatte. Darin manifestiert sich, dass Japan nach der von den Vereinigten Staaten von Amerika mittels Kanonenbootpolitik erzwungenen Öffnung für den Welthandel Inspirationen für seine Reformen in Deutschland suchte und fand, weshalb auch von den „Preußen Asiens" gesprochen wurde. Schon unmittelbar nach Beginn der amerikanischen Kanonenbootpolitik hatte 1862 eine japanische Gesandtschaft in Erwiderung des Besuches des preußischen Ministers Graf zu Eulenburg zum Zwecke der Aufnahme von Handelsbeziehungen Potsdam besucht. Aus diesem Anlass erfolgte ein Exerzieren der gesamten Garnison Potsdam unter Beteiligung der Unteroffizierschule vor den japanischen Besuchern.

Am 17. Juli 1896 ging ein Gewitter von außergewöhnlicher Heftigkeit über Potsdam nieder, verbunden mit einem orkanartigen Wirbelsturm, wobei 17 der schönsten Bäume im Kasernenbereich zerschmettert wurden.

Ein weiteres bedeutendes Ereignis für das ganze Land wie auch die Unteroffizierschule Potsdam war die 100. Wiederkehr des Geburtstages Kaiser Wilhelms des I., der in dieser Zeit in Deutschland als „Reichsgründungskaiser" verehrt und gefeiert wurde. Die Festivitäten fanden vom 21. März 1897 bis 23. März 1897 statt. Aus diesem Anlass war der Kasernenhof der Unteroffizierschule mit Girlanden, Wappenschilden, Fahnen und Transparenten mit dem Namenszug des Kaisers geschmückt. Nach einem Feldgottesdienst in der Garnisonkirche am 21. März 1897 folgten in der Unteroffizierschule ein Bataillonsappell und ein Festmahl. Der Hauptfesttag, der 22. März 1897, begann mit einer großen Parade der Potsdamer Garnison, der sich eine festliche Speisung der Mannschaften in der Unteroffizierschule und ein Festessen des Offizierskorps im Kasino anschlossen. Am Abend wurden nicht nur alle Dienstgebäude und Kasernen, sondern auch alle Privathäuser in Potsdam reich illuminiert. An der Vorderfront der Unteroffizierschule erstrahlten über der Eingangshalle in Flammenschrift der Name „Kaiser Wilhelm I." und darunter die Jahreszahlen „1797 – 1897". Sämtliche Räume und Fenster der Unteroffizierschule waren erleuchtet. Um 20.00 Uhr begann auf dem Hof der Kaserne ein Fackelreigen, bei dem 100 Lampions von Unteroffizierschülern durch die Nacht getragen wurden, die zunächst Kunstfiguren und sodann den Namen des Kaisers und die Jahreszahlen 1797 und 1897 zeigten, bevor ein Zapfenstreich den Tag beschloss. Am 23. März 1897 klangen die Festivitäten mit Aufführungen, Sportvorführungen und Tanzveranstaltungen aus. Jedem Soldaten wurde eine Erinnerungsmedaille mit dem Bildnis des Kaisers verliehen.

Am 28. August 1898 sprengte ein Flügeladjutant des Kaisers in den Kasernenhof und befahl die Teilnahme der Unteroffizierschule an einer Gefechtsübung mit dem Lehr-Infanterie-Bataillon auf dem Bornstedter Feld. Dort wurde die Verteidigung der Stadt Potsdam gegen einen von Norden angreifenden Feind geübt. Der Kaiser und sein Gefolge nahmen während des Gefechts Aufstellung in der Feuerlinie der Unteroffizierschule und brachten ihre volle Zufriedenheit über das Verhalten der Unteroffizierschule in der Gefechtsübung zum Ausdruck.

Ein herausragendes Ereignis in der Geschichte der Unteroffizierschule bildeten die drei Tage währenden Feiern zum 75 jährigen Stiftungsfest vom 3. - 5. Juli 1899 und die Verleihung einer neuen Fahne durch den Kaiser in Kassel am 14. August 1899.

Retrospektiv betrachtet sollten sich die Feiern zum 75 jährigen Stiftungsfest sogar als Höhepunkt in der Schulhistorie erweisen. 1899 stand das Deutsche Reich im Zenit seiner Leistungsfähigkeit. Angesichts eines beispiellosen ökonomischen, wissenschaftlichen und kulturellen Aufschwungs nach der Reichsgründung, der Deutschland in vielen Bereichen in die Weltspitze geführt hatte, sah die große Mehrheit der Gesellschaft ungeachtet partieller „Fin de Siècle - Stimmungen" in einzelnen Künstlerzirkeln dem unmittelbar bevorstehenden Jahrhundertwechsel mit großem Optimismus entgegen. Diese Stimmungslage spiegelte sich auch in den Festivitäten der Unteroffizierschule anlässlich des 75 jährigen Bestehens wider. Die Kaserne war festlich geschmückt. Die Frontseite zierten Wappen und Fähnchen, zwischen denen sich Girlanden aus Eichenzweigen und Weinlaub von Fenster zu Fenster rankten. Über dem Mittelbau wehte der preußische Adler auf weißem Grund. Grünumwundene Masten trugen Fahnenbüschel. In den Fluren und Korridoren waren bunte Wimpel gespannt und Lauben errichtet. Zu den Feierlichkeiten, die am 3. Juli 1899 mit einem von humoristischen Vorträgen und Aufführungen der aktiven Unteroffiziersschüler begleiteten Begrüßungsabend im Konzerthaus in der Mauerstraße begannen, waren etwa 1000 ehemalige Absolventen der Unteroffizierschule aus allen Teilen Deutschlands angereist. Der 4. Juli als Hauptfesttag begann mit einem Feldgottesdienst. Um 9.30 Uhr marschierte die Unteroffizierschule durch die geschmückten Straßen der Stadt zum Lustgarten und nahm am Denkmal des Soldatenkönigs unter den Bäumen Aufstellung. Auf dem Weg zwischen dem Denkmal und dem Wasser war der Feldaltar errichtet. Die Unteroffizierschule formierte sich in Breitkolonne links neben dem Altar, während die Plätze rechts neben dem Altar den Damen und Angehörigen der Offiziere und die Plätze gegenüber der Unteroffizierschule den Ehemaligen vorbehalten waren. Die Ehemaligen trafen gegen 10.00 Uhr am Bahnhof ein und marschierten begleitet von der Musik des Garde-Jäger-Bataillons, dessen Keimzelle auf dem Boden der Unteroffizierschule zu verorten ist, zum Lustgarten. In dem mit dem niederländischen Dankgebet eröffneten Gottesdienst hielt der Hofprediger Keßler die Festpredigt, die sich mit den Aufgaben des Unteroffiziersstandes befasste und auf die den Feldaltar umgebenden Wahrzeichen, nämlich den Soldatenkönig, das Fürstenschloss, die Soldatenkirche und die Geschütze, Bezug nahm. Im Anschluss an den Gottesdienst hielt noch im Lustgaten der Kommandeur der Schule, Major von Strubberg, eine Ansprache, in der er auf den Werdegang der Unteroffizierschule und insbesondere die zu diesem Zeitpunkt bereits 9000 Absolventen und deren erfolgreiche Verankerung in der Gesellschaft abhob. Nach der Nationalhymne formierte sich die Unteroffizierschule zum Parademarsch und anschließenden Rückmarsch in die Kaserne. Dabei ließen sich auch die Ehemaligen, deren älteste Vertreter dem Jahrgang 1834 angehörten, nicht davon abhalten, mit Begeisterung zu paradieren. Nach der Rückkehr in die Kaserne erfolgte die feierliche Enthüllung und Übergabe einer Erinnerungstafel, die als Ausdruck der tiefen Verbundenheit mit ihrer Ausbildungsanstalt von 1478 ehemaligen Schülern zum Schuljubiläum gestiftet worden war und deren in goldenen Lettern auf schwarzem Granit geprägte Inschrift lautet: „Was wir im Laufe der Jahre an Anerkennung und Ehrungen durch unsere Allerhöchsten Kriegsherrn und unsere Vorgesetzten, an Liebe, Achtung und Werthschätzung durch unsere Untergebenen und Mitbürger erfahren durften, das ist die lohnreiche Frucht der Unteroffizierschule Potsdam, der ehrwürdigen Pflanz- und Pflegestätte soldatischer Tugenden, militärischen Könnens und deutscher Manneszucht. Unserer alten Wohltäterin und allen Männern - Offizieren, Unteroffizieren und Lehrern, - die an ihr wirkten, uns bildeten und lehrten, bekunden wir hierdurch unsere Liebe, unsere Verehrung, unseren Dank." Dieses einzigartige Zeugnis der Garnisonstadt Potsdam und ihrer Unteroffizierschule kann nach zwischenzeitlicher Verlagerung, Zerstörung, bruchstückhafter Auffindung im Jahre 2012 und Restaurierung durch den - heute nicht mehr bestehenden - Förderverein Militärmuseum Brandenburg-Preußen e.V. nunmehr im Potsdam Museum besichtigt werden.[39] Nach Kranzniederlegungen an den im Treppenhaus der Kaserne angebrachten Ehrentafeln für die Gefallenen, Verwundeten und Ausgezeichneten der Unteroffizierschule wurde von den Aktiven im festlich geschmückten Kasernenhof an unter Zeltreihen aufgestellten Tafeln mit musikalischer Begleitung durch das Trompeterkorps des Leib-Garde-Husaren-Regiments gespeist, während die Offiziere im Offizierskasino frühstückten. Die Ehemaligen trafen sich um 14.00 Uhr zu einem Festmahl im „Cafe´ Sanssouci", an dem 800 Personen teilnahmen und dessen Tafelmusik die Kapelle der Unteroffizierschule stellte. Die Abendveranstaltungen, zu denen die Offiziere in Kremsern fuhren, fanden bei herrlichem Sommerwetter ab 20.00 Uhr auf der Schützenwiese statt. Bereits zuvor hatten die Ehemaligen dort einem Konzert des Trompeterkorps des 3. Garde-Ulanen-Regiments beigewohnt. Den Auftakt der Abendveranstaltung bildeten eine Jubelfanfare und das von dem Sängerchor vorgetragene niederländische Dankgebet. Anschließend folgten Turnvorführungen der Unteroffiziersschüler am Reck und Pferd. Danach paradierte eine aus 36 Schülern bestehende Abteilung der Unteroffizierschule in historischen Uniformen und mit historischen Ausrüstungsgegenständen

---

[39] Schobeß, Potsdam und sein Militär im 19. und 20. Jahrhundert, S. 101

aus dem Gründungsjahr 1824. Einer der Höhepunkte war ein von den Unteroffiziersschülern zu den Klängen des Flaggenliedes mit Signalfähnchen aufgeführtes Flaggen - ABC. Der offizielle Teil der Abendveranstaltung endete mit einem Keulenschwingen bei bengalischer Beleuchtung und anschließendem Feuerwerk. Sodann folgte ein Ball im Tanzsaal des Schützenhauses, der bis den frühen Morgen dauerte. Die Nachfeier am 5. Juli 1899 bestand aus einer um 11.00 Uhr beginnenden „Dampferrundfahrt" mit vier Schiffen und zwei Musikkapellen, die über den Sacrow-Paretzer Kanal nach Wannsee führte und die Orte passierte, an denen die ehemaligen Unteroffiziersschüler einst Felddienste verrichtet und zu denen sie Ausflüge unternommen hatten. Die Festversammlung ging in der festen Erwartung auseinander, dass man in 25 Jahren in ebenso prächtiger Weise das 100 jährige Bestehen der Unteroffizierschule feiern werde. Keiner der damals Versammelten ahnte, dass im Zeitpunkt des 100 jährigen Bestehens der Unteroffizierschule das 1871 gegründete und bei dem Festakt noch in voller Blüte stehende Reich zerschlagen und die Unteroffizierschule zwangsweise aufgelöst sein würde.

Im Kontext mit dem 75 jährigen Stiftungsfest der Unteroffizierschule steht die Verleihung einer neuen Fahne durch Kaiser Wilhelm II. am 14. August 1899 in Kassel. Weil das Tuch der alten Fahne brüchig geworden und an verschiedenen Stellen durch den Sturm zerrissen war, entschloss sich der Kaiser statt der zunächst in Aussicht genommenen Instandsetzung zu einer Neustiftung. Am 14. August 1899 konnte eine Abordnung der Unteroffizierschule im Thronsaal des Residenzschlosses zu Kassel nach feierlicher Nagelung und Weihe die neue Fahne in Empfang nehmen. Auf der Rückreise erhielten die Unteroffiziere und Mannschaften der Delegation Gelegenheit zu einem Besuch des Denkmals für Kaiser Wilhelm I. auf dem Kyffhäuser. Am 18. August 1899, dem Jahrestag der Schlacht bei Gravelotte und St. Privat, wurde die an die Originalstange genagelte neue Fahne bei einem Festakt dem im Kasernenhof der Unteroffizierschule angetretenen Ausbildungsbataillon übergeben. Die Insignienfunktion der Fahne mit der Inschrift „Pro gloria et patria" sollte allerdings keine zwei vollen Dekaden mehr erhalten bleiben.

V. KASERNE DER POLIZEI, REICHSWEHR UND WEHRMACHT

1. POLIZEIKASERNE

Aufgrund Artikel 176 des Diktates der Siegermächte des 1. Weltkrieges in Versailles erfolgte im Jahre 1919 mit Abwicklung zum 10. März 1920 die erzwungene Auflösung der Unteroffizierschule Potsdam. Eine künstlerisch wertvolle und fortlaufend modernisierte Kasernenanlage dieser Größe in einer zentralen Stadtlage konnte jedoch nicht lange ohne öffentliche Nutzung bleiben, zumal die außerordentliche ökonomische Zwangslage infolge der vorherigen Kriegsanstrengungen und der durch das Friedensdiktat der Siegermächte auferlegten Wirtschaftsrepressalien keine großen Investitionen erlaubte und die möglichst effiziente Nutzung noch vorhandener Ressourcen geradezu verlangte. Tatsächlich kam es schon zwei Monate nach der Abwicklung der Unteroffizierschule Potsdam zu einer polizeilichen Anschlussnutzung der Kaserne. Um das durch innere Unruhen gefährdete Reich partiell konsolidieren und das mit der massiven Zwangsreduktion der Streitkräfte entstandene Sicherheitsvakuum geringfügig ausfüllen zu können, bedurfte es einer deutlichen Verstärkung der Polizeipräsenz. Die Voraussetzungen, dies realisieren zu können, waren nicht ungünstig, weil viele arbeitslos gewordene vormalige Offiziere, Unteroffiziere und Mannschaften des Heeres vor dem Hintergrund der schlechten Wirtschaftslage nicht abgeneigt waren, um eine polizeiliche Anstellung nachzusuchen. Ein polizeilicher Aufwuchs durch Integration zahlreicher Interessenten mit unterschiedlichster Ausbildung und Lebenserfahrung musste den Focus zwangsläufig darauf lenken, kurzfristig geeignete Aus- und Fortbildungseinrichtungen für den Polizeidienst zu schaffen. In diesem Kontext fiel im Preußischen Innenministerium die Entscheidung, erstmalig eine zentrale Einrichtung für die Ausbildung von Polizeioffizieren ins Leben zu rufen, wobei die Standortwahl auf die ehemalige Unteroffizierschule in Potsdam fiel.[40] Am 14.

---

[40] Vgl. hierzu und zu der „Höheren Polizeischule" in der Jägerallee insgesamt Lambrecht,

Mai 1920 genehmigte der preußische Minister des Innern den vorläufigen Entwurf für die Einrichtung und schon am 20. Mai 1920 nahm die neue Polizeiausbildungsstätte in der ehemaligen Unteroffizierschule in der Jägerallee in Potsdam ihren Dienstbetrieb auf. Neben zehn regionalen Polizeischulen in den Provinzen für die Ausbildung zum mittleren Dienst war die Höhere Polizeischule Preußens in der Jägerallee in Potsdam die alleinige Ausbildungsstätte für Polizeioffiziere in Preußen. Sicherlich wird bei der Standortwahl niemand reflektiert haben, dass die neue Ausbildungsstätte der Ort war, an dem 1867 der Polizeipräsident von Potsdam im Schilderhaus festgesetzt wurde. Denkwürdig erscheint die Standortwahl aber auch aus der Perspektive der heutigen Standortnutzer. Ein thematischer Brückenschlag zu der heute auf der Liegenschaft verorteten Staatsanwaltschaft ergibt sich dadurch, dass täglich Beamte der Kriminalpolizei im gehobenen Dienst[41] und gelegentlich auch im höheren Dienst, die als Ermittlungshelfer für die Staatsanwaltschaft tätig sind oder die Ermittlungshilfe koordinieren, die Staatsanwaltschaft aufsuchen. Im Übrigen lenkt nicht zuletzt die aktuelle Neuausrichtung der polizeilichen Ausbildung im Land Brandenburg mit der für 2020 geplanten Einführung eines Masterstudienganges Kriminalistik an der ehemaligen Fachhochschule und nunmehrigen Hochschule der Polizei in Oranienburg, bei dessen Gestaltung sich neben anderen Institutionen und Staatsanwaltschaften auch die Staatsanwaltschaft Potsdam engagiert, den Blick auf den historischen „Ausbildungsvorläufer" am Standort Jägerallee in Potsdam.

Als die Höhere Polizeischule im Mai 1920 in der ehemaligen Unteroffizierschule in Potsdam ihren Lehrbetrieb mit dem ersten Lehrgang für 185 Polizeibeamte aufnahm, standen als Hauptfächer Staatsbürger- und Gesetzeskunde, Polizei- und Strafrecht, Kriminalistik und Gesundheitspolizei auf dem Lehrplan. Für den ausdrücklich gewünschten Unterricht mit Praxisbezug in Lehrgängen mit einer Dauer bis zu neun Monaten stand ein Lehrkörper zur Verfügung, dem neben dem ersten Leiter der Schule, Poli-

---

Von der Kaserne zum Behördensitz, S. 43 f., 47

[41] Der gehobene Dienst entspricht den ehemaligen Polizeioffiziersrängen bis zum Polizeihauptmann

zeimajor Willi Neese, vier Majore, zwei Hauptleute, ein Leutnant, ein Oberwachtmeister und ein Techniker angehörten. Allerdings war dieser höchst bedeutsamen Keimzelle für eine praxisorientierte Ausbildung von Polizeioffizieren mit wissenschaftlichem Anspruch, der sich unter anderem darin manifestierte, dass seit 1921 von dem Leiter der Schule unter Mitwirkung der Lehrkräfte das „Lehrbuch für die Polizeischulen" herausgegeben wurde, nur eine kurze Verweildauer auf der Liegenschaft der ehemaligen Unteroffizierschule in der Jägerallee in Potsdam beschieden. Bereits zum 1. Februar 1921 nach nur zwei durchgeführten Lehrgängen wurde die Schule in den zu dieser Zeit noch außerhalb der Stadtgrenzen von Potsdam gelegenen Ort Eiche verlegt. Der Umzug fand bei dem Stammpersonal der Schule keine Zustimmung. Abgesehen davon, dass die Aufgabe des zentralen Standortes in der Jägerallee mit unmittelbarer Innenstadtanbindung zugunsten einer Randlage in Eiche auch die heutigen Nutzer kaum erfreuen dürfte, sorgte vor allem der 1921 in Eiche im Vergleich zu Potsdam deutlich geringere Ortsklassenzuschlag im Rahmen der Besoldungsbemessung für Unmut.

Die Betrachtung der Liegenschaft Jägerallee 10 - 12 in Potsdam in den Jahren 1920 und 1921 als Keimzelle einer zentralen Ausbildungsstätte für eine Polizeioffiziersausbildung mit Praxisbezug und wissenschaftlichem Anspruch assoziiert eine Parallele zu dem Jahr 1740, als die Liegenschaft schon einmal der Ausgangspunkt für eine wegweisende Neuerung, nämlich die Aufstellung des Feldjägerkorps zu Pferde und des Garde-Jäger-Bataillons als Keimzelle des militärischen Aufklärungs- und Nachrichtenwesens in Preußen, war. In beiden Fällen sind von der Liegenschaft nachhaltige Innovationen ausgegangen, ohne die daraus hervorgegangenen Institutionen jedoch dauerhaft an den Standort binden zu können.

2. REICHSWEHRKASERNE

Nach der innovativen, aber kurzen Zwischennutzung als Poli-
zeikaserne zogen bereits 1921 wieder militärische Verbände der
nunmehrigen Reichswehr in die Kaserne ein. In dem im Volks-
mund als Jägerkaserne bezeichneten Gebäude, das ab 1938 auch
offiziell so genannt wurde, wurden Teile des im Herbst 1920 aufgestellten und in Potsdam stationierten Infanterieregiments Nr. 9
kaserniert, nämlich das II. Bataillon mit der 5., 6., und 7. Kompanie und dem Musikzug. Das Infanterieregiment Nr. 9, eines
von 21 der Reichswehr von den Siegermächten zugestandenen
Infanterieregimentern, das im 2. Weltkrieg im Rahmen der 23.
Infanteriedivision eingesetzt wurde, firmierte in der öffentlichen
Wahrnehmung auch als „Regiment Graf 9", weil in seinen Reihen
sehr viele Adelige dienten. Einer der Regimentsangehörigen, der
allerdings nicht in der Jägerkaserne stationiert war, war der spätere Bundespräsident der Bundesrepublik Deutschland, Richard
von Weizsäcker, der noch unmittelbar vor dem britischen Luftan-
griff auf Potsdam am 14. April 1945, der erhebliche Teile der Alt-
stadt zerstörte, eine Kinovorführung in Potsdam besuchte und in
der Gaststätte „Klosterkeller" speiste. Bekannt wurde das Infanterieregiment Nr. 9 im Übrigen vor allem deshalb, weil aus seinen
Reihen mehrere Kämpfer des sogenannten militärischen Widerstandes gegen die nationalsozialistische Herrschaft hervorgegangen sind. Zu nennen sind hier zuerst Henning von Tresckow,
Helmut von Gottberg und Axel von dem Bussche. Ein weiterer
und für den Standort Jägerallee 10 - 12 höchst bedeutsamer Name
soll noch einer besonderen Betrachtung und Würdigung unterzo-
gen werden. Im II. Bataillon des Infanterieregiments Nr. 9 wurden, wie in allen Regimentsteilen, Traditionen der vor dem 1.
Weltkrieg in Potsdam stationierten Garderegimenter fortgeführt.
So übernahmen die hier stationierte 5. Kompanie die Tradition
des Garde-Schützen-Bataillons, die 6. Kompanie die Tradition des
Garde-Jäger-Bataillons und die 7. Kompanie die Tradition des
Infanterieregiments Nr. 64. Regimentsdevise wurde der alte
Wahlspruch des 1. Garde-Regiments zu Fuß „ Semper talis" (stets
gleich), der schon die Grenadiermützen der „Langen Kerls" des
Soldatenkönigs geziert hatte und noch heute in der Bundesrepub-
lik Deutschland der Wahlspruch des Wachbataillons beim Bun-
desministerium der Verteidigung ist. Hier ist nicht der Ort, die

Regimentsgeschichte des Infanterieregiments Nr. 9 nachzuzeichnen, weshalb nur ein Ereignis wegen seiner politischen Bedeutung Erwähnung finden soll. Das Infanterieregiment Nr. 9 und damit auch sein in der Jägerkaserne stationiertes II. Bataillon nahm bereits zu Reichswehrzeiten an zahlreichen Übungen und Manövern teil. Bei der Herbstübung 1926 führte das Infanteriegiment Nr. 9 den ersten größeren motorisierten Transportversuch der Reichswehr durch. Das gesamte Regiment nahm auch 1926 an dem Großmanöver teil, das zu der sogenannten „Prinzenkrise" führte. Am 9. August 1926 verließ das Regiment die Garnison und marschierte mittels Kraftwagen als motorisiere Einheit über Torgau und Leipzig nach Bayreuth, unterbrochen von mehreren Gefechtsübungen. Ab Bayreuth erfolgte eine weitere Verlegung im Eisenbahntransport auf den Truppenübungsplatz Münsingen in Württemberg, um dort vom 10. bis 23. September gemeinsam mit der 5. und 7. Division ein Großmanöver durchzuführen. Das Manöver gab den Anlass für die erzwungene Demission des Chefs der Heeresleitung Hans von Seeckt, weil er ohne politische Absprache dem Sohn des Kronprinzen die Manöverteilnahme gestattet hatte.[42]

3. DENKMALSEINWEIHUNG

Das Jahr 1925 sah vor dem Hauptgebäude des ältesten Teils der Jägerkaserne die Errichtung eines Denkmals für die im 1. Weltkrieg Gefallenen der Unteroffizierschule Potsdam und zur Erinnerung an die Gründung der Unteroffizierschule vor 100 Jahren.[43] Dass die Erinnerung an die Schule zu dieser Zeit noch sehr lebendig war, zeigen die große Anteilnahme der Bevölkerung unter Beteiligung des Bürgermeisters und Stadtrates für städtische Liegenschaften Dr. Dehms an der Einweihungsfeier am 7. Juli 1925 und die Entsendung zahlreicher Fahnenabordnungen militärischer Institutionen und Verbände. Solche Orte des Erinnerns waren für die Hinterbliebenen ein essentieller Kristallisationspunkt sowohl für die Bewältigung des Kriegserlebnisses und

---

[42] Schobeß, Das Kriegshandwerk der Deutschen, Band II, S. 369 ff.

[43] Schobeß, Das Kriegshandwerk der Deutschen, Band I, S. 39

der Trauer, als auch zur eigenen Identitätsfindung. Ein Defizit der Weimarer Republik muss darin gesehen, diese Bedeutung verkannt und - wie auch hier - die Gedenkkultur kommunalen und privaten Initiativen überlassen zu haben. Bei der Rezeption des vor der ehemaligen Unteroffizierschule in der Jägerallee errichteten „Kombinationsdenkmals" tritt hinzu, dass durch die Verbindung der Gefallenenehrung mit der Erinnerung an das Gründungsjubiläum der Unteroffizierschule die Möglichkeit eröffnet wurde, der Missbilligung über das dem Verbotsartikel 176 des Versailler Diktats immanente Verdikt über die Unteroffizierschule Ausdruck zu verleihen. Erschaffen hatte das Denkmal der Bildhauer Eberhard Enck, [44] der neben zahlreichem Fassadenschmuck und Faustkämpfergruppen unter anderem auch die Skulpturengruppe auf dem Botschaftsgebäude in St. Petersburg und den Denkmalbrunnen in Treuenbrietzen gestaltet hatte. Dessen durch Abschlagen der Schwurhand „geschleiftes" Denkmal für die Gefallenen des XXII. Reservekorps kann noch heute auf der Grünfläche neben dem ehemaligen Joachimsthalschen Gymnasium in Berlin-Wilmersdorf besichtigt werden. Das Denkmal in der Jägerallee zeigte zwei Soldaten der Unteroffizierschule als Repräsentanten für die Gründungsepoche und die Weltkriegsepoche, wobei der Repräsentant der Gründungsepoche mit erhobener Schwurhand dargestellt war. Denkmäler mit Schwurhänden sind ex post nach 1945 vielfach mit der Behauptung, die Schwurhand symbolisiere die Ankündigung eines militärischen Revanchismus, angefeindet worden mit der Folge, dass im westlichen Machtbereich - anders als auf dem Territorium der sowjetischen Machthaber, auf dem fast alle Denkmäler mit militärischer und preußischer Attitüde wie auch das Denkmal für die Gefallenen der Unteroffizierschule Potsdam zerstört wurden - zwar keine vollständigen Zerstörungen erfolgten, aber in vielen Fällen die Schwurhände abgeschlagen wurden. Diese Interpretation und Handlungsweise wurde den in der Weimarer Republik errichteten Denkmälern nicht gerecht. Sie waren Ausdruck ehrenden Andenkens für die in treuer Pflichterfüllung für das Vaterland im Felde Gebliebenen, wobei die Schwurhand primär die Pflichterfüllung gemäß der Eidesleistung symbolisierte. Ob man darüber hinaus in die Schwurhand auch noch eine Verpflichtung der Überlebenden, für die Gleichberechtigung des besiegten Deutschland im Kreis

---

[44] Lambrecht, Von der Kaserne zum Behördensitz, S. 83

der Nationen und eine gerechte Nachkriegsordnung auf der Grundlage des von dem US-amerikanischen Präsidenten Wilson proklamierten Selbstbestimmungsrechts der Völker mit Nachdruck, aber friedlich zu arbeiten, interpretieren will, mag dahinstehen. Ein solches Ziel wäre in der Weimarer Gesellschaft über alle parteipolitischen Grenzen hinweg konsensfähig gewesen. Militärischen Revanchismus symbolisierten diese Denkmäler nicht.

Nachdem im Zuge der späteren Aufrüstung und Wiedereinführung der Wehrpflicht am 1. 10. 1936 eine neue Unteroffiziersschule der Infanterie in Potsdam-Eiche gegründet worden war, wurde das Denkmal ebenso wie die im Treppenhaus der Jägerkaserne verorteten Ehrentafeln im Winter 1940/1941 dorthin überführt und nach der sowjetischen Okkupation bis auf den später aufgefundenen Sockel zerstört. Heute erinnert neben diesem kaum mehr zu identifizierenden Sockel ein 1999 von dem Verein der ehemaligen Unteroffiziervorschüler und Unteroffizierschüler auf dem nunmehr von der Polizei genutzten Areal in Potsdam-Eiche errichteter schlichter Gedenkstein an die Unteroffizierschule Potsdam. Leider findet dieses Gedenken keinen Widerhall am Ort der alten Unteroffizierschule und ursprünglichen Denkmalstandort.

4. WEHRMACHTSKASERNE

Die Machtergreifung der Nationalsozialisten zeigte für das in der Jägerkaserne stationierte II. Bataillon des Infanterieregiments Nr. 9 zunächst noch keine unmittelbaren Auswirkungen. Militärische Kulisse für die zeremonielle Reichstagseröffnung, den sogenannten Tag von Potsdam am 21. März 1933, bildete die nicht zum II. Bataillon gehörende 2. Kompanie des Infanterieregiments Nr. 9. Nach dem Tode des Reichspräsidenten Hindenburg wurde das gesamte Infanterieregiment Nr. 9 noch am 2. August 1934 im Lustgarten auf den neuen Obersten Befehlshaber der Wehrmacht, Adolf Hitler, vereidigt. Die bisherige Landeskokarde an Helm und Mütze wurde durch die Schwarz-Weiß-Rote Reichskokarde substituiert und der auf der linken Brustseite getragene Hoheitsadler mit Hakenkreuz eingeführt. Ende Juni 1939 verließen die für einen möglichen Fronteinsatz gegen Polen vorgesehenen Teile des Infanterieregiments Nr. 9 die Garnison, um als Baustäbe und Bautruppen für den Bau des Ostwalls getarnt per Bahn vor dem „Polnischen Korridor" aufzumarschieren. Vorangegangen waren nach mehrfachen fehlgeschlagenen Unterhandlungsbemühungen im März 1939 eine polnische Teilmobilmachung als Antwort auf ein deutsches Verhandlungsersuchen mit der Zielstellung, die polnische Zustimmung zu einer politischen Rückgliederung der Freien Stadt Danzig und die Gewährung exterritorialer Transitwege nach Ostpreußen Zug um Zug gegen eine Anerkennung der in Versailles gezogenen deutschpolnischen Grenze zu erlangen, und die sukzessive Verschärfung der polnischen Repressionspolitik gegen nationale Minderheiten.[45] Nachdem in der Nacht vom 25. zum 26. August 1939 für die Truppenteile der „1. Welle" der Mobilmachungsbefehl eingetroffen und nach zwischenzeitlicher Erteilung und Widerruf mit Wirkung zum 1. 9. 1939 endgültig der Operationsbefehl für den Fall „Weiß", die militärische Offensive gegen Polen, gegeben worden war, hatte - von deutscher Seite verantwortungslos ausgelöst - mit der als latentes Konfliktpotential ausgestalteten deutschpolnischen Grenzziehung und insbesondere der Sezession der deutschen Metropole Danzig der schärfste im Versailler Diktat implementierte Sprengsatz zur Erosion der niemals konsolidierten Nachkriegsordnung gezündet. Am 2. Generalmobilmachungstag, dem 27. August 1939, wurden alle Infanterieregimenter geteilt und es wurden Ersatztruppenteile geschaffen. Das Infanterieregiment 9, ab diesem Zeitpunkt entfiel der Zusatz Nr. in der Bezeichnung, teilte sich in die Infanterieregimenter 9 und 178. Gleichzeitig wurden die am Standort zum Zwecke der Ersatzrekrutierung und Ausbildung verbleibenden Ersatzbataillone 9 und 178 geschaffen. Am 1. Dezember 1942 wurden die Infanterieersatzbataillone 9 und 178 unter dem Namen Infanteriebataillon 9 zusammengefasst.

Das Infanterieregiment 9 ging nach erfolgreichen Kampfeinsätzen im Rahmen der 23. Infanteriedivision in Polen und Frank-

---

[45] Schultze-Rhonhof, 1939, Der Krieg, der viele Väter hatte, S. 420 ff., 551

reich im Dezember 1941 im Rahmen des Unternehmens „Taifun", der Offensive gegen die sowjetische Hauptstadt, im Raum Moskau-Klin unter. Aus den Resten des Infanterieregiments 9 ging als Neuaufstellung das Panzergrenadierregiment 9 im Rahmen der 26. Panzerdivision hervor, das in Italien zum Einsatz kam und dort im Mai 1945 kapitulierte. Ein nochmals in Ostpreußen aufgestelltes Grenadierregiment 9, das auch Reste des alten Infanterieregiments 9 aufnahm und in dem der spätere Bundespräsident Richard von Weizsäcker als Hauptmann der Reserve diente, ging im Frühjahr 1945 bei den sowjetischen Angriffen auf die Samlandfront unter. Die nachgegliederten Reste des Infanterieregiments 9 wurden dem Grenadierregiment 178 im Verband der 76. Infanteriedivision zugeführt und kapitulierten am 8. Mai 1945 auf mährischem und slowakischem Territorium.[46]

Von besonderer Bedeutung für die Liegenschaft Jägerallee 10 - 12 in Potsdam, die damalige Jägerkaserne, ist, dass das Ersatzbataillon 178 als Ersatz-und Ausbildungseinheit für das mit Kriegsbeginn aufgestellte Infanterieregiment 178 im Wesentlichen in der Jägerkaserne und zu einem geringen Teil in der Pappelallee 8 nahe dem Bornstädter Feld stationiert wurde.

Letzter deutscher militärischer Verband in der Jägerkaserne wurde die Sturmgeschütz-brigade 243.[47] Die Brigade war am 10. Mai 1941 in Jüterbog als Sturmgeschützabteilung mit drei Batterien aufgestellt worden, nahm an dem Unternehmen „Blau", der Sommeroffensive 1942 im Süden der Sowjetunion, teil und wurde im Kessel von Stalingrad weitgehend vernichtet. Nach der Neuaufstellung am 14. Februar 1944 in Sturmgeschützbrigade 243 umbenannt ging der Verband Anfang 1945 erneut unter. Im März und April 1945 wurde die Brigade in der Jägerkaserne nochmals aufgestellt und erhielt die letzten von der Firma Alkett in Berlin-Borsigwalde gefertigten Sturmgeschütze. Ausgerüstet mit zwei Batterien mit Sturmgeschützen III (7,5 cm lang) und einer Batte-

---

[46] Schobeß, Das Kriegshandwerk der Deutschen, Band II, S. 378 ff.

[47] Wikipedia, Eintrag zu „Sturmgeschütz-Abteilung 243 / Sturmgeschütz-Brigade 243"

rie mit Sturmhaubitzen (10,5 cm Haubitzen) und aufgefüllt mit Personal der Sturmgeschützschule in Burg sowie verstärkt durch eine Infanterie-Begleitbatterie mit zwei Zügen Infanterie und einem Pionierzug wurde der Verband der 12. Armee des Generals Wenck unterstellt. Aufgestellt zum Kampf an der Westfront wurde die ca. 100.000 Mann starke Armee Mitte April 1945 gewendet und zum Entsatz von Berlin angesetzt. Zwar misslang der Durchbruch nach Berlin, jedoch verfolgte General Wenck das realistischere Ziel, durch einen Entsatzvorstoß möglichst große Teile der südöstlich von Berlin umfassten 9. Armee und zahlreiche Zivilisten aufzunehmen, um diese über die Elbe in den amerikanischen Machtbereich zu retten. Dies gelang. Der Vorstoß erreichte Ferch am Schwielowsee und die Tore der Stadt Potsdam. Nach der Befreiung von 3000 Verwundeten in Beelitz erfolgte die Aufnahme der Besatzung von Potsdam am 29. April 1945 in Stärke einer Korpsgruppe von 20.000 Mann. Danach stießen die Reste der 9. Armee in einer letzten Kraftanstrengung zur 12. Armee durch, sodass ca. 118.000 Soldaten und 100.000 Zivilisten in den ersten Maitagen 1945 die Elbe überqueren konnten.

5. LEBENSBILDER

Eine Standortgenese wäre wenig instruktiv, wenn sie sich alleine auf die Darstellung der temporalen Nutzungsbestimmungen beschränken würde. Erst der Blick auf handelnde Personen, deren Viten mit der Liegenschaft auf unterschiedliche Weise verbunden sind, und konkrete Ereignisse gewährt eine kleine Anschauung von den Wechselwirkungen zwischen dem Standort und den politischen und gesellschaftlichen Entwicklungen. Für die Zeit der Nutzung als Unteroffizierschule im 19. Jahrhundert ist versucht worden, dem durch die Schilderung von Schlaglichtern aus der Geschichte der Unteroffizierschule Rechnung zu tragen. Für die erste Hälfte des 20. Jahrhunderts und damit die letzte Phase der preußisch-deutschen Militärnutzung sollen zwei in ganz unterschiedlicher Weise mit der Liegenschaft verknüpfte Lebensbilder gezeigt werden, die nicht repräsentativ sind, aber aus unterschiedlichen Blickwinkeln die Verwerfungen beleuchten, die die deutsche Gesellschaft zum Ende des 1. Weltkrieges mit den Waffenstillstandsbedingungen, inneren Unruhen und dem

Versailler Diktat erschütterten und als Spätfolge auf den Irrweg in die Gewaltherrschaft führten. Der eine verband mit der Unteroffizierschule Potsdam seine prägende Ausbildungszeit und wurde in der Weimarer Republik eine Streitfigur im Kontext mit dem provozierenden Schlagwort „Schwarze Reichswehr", der andere führte als gelernter Jurist, Verwaltungsfachmann und Reserveoffizier in der Jägerkaserne ein militärisches Kommando und fand in dieser Zeit den Weg in den Widerstand gegen Gewaltherrschaft.

a) Oberleutnant Paul Schulz

Zunächst sei hier an den ehemaligen Oberleutnant Paul Schulz erinnert.

Paul Schulz[48] wurde am 5. Februar 1898 in Stettin geboren und meldete sich bei Ausbruch des 1. Weltkrieges zur Ausbildung in der Unteroffizierschule Potsdam. Nach der Ausbildung ging er 1915 an die Front, wo er mehrfach verwundet wurde und sich wiederholt auszeichnete. Am 30. September 2018 wurde Schulz als einer von insgesamt nur 210 Unteroffizieren während des 1. Weltkrieges wegen Tapferkeit vor dem Feind zum aktiven Offizier ernannt. 1918 demobilisiert, nahm er 1919 auf Wunsch der Regierung Ebert / Scheidemann als Freikorpsangehöriger an der Zurückschlagung der Roten Armee im Baltikum teil. Nach einer weiteren Dienstzeit im „Heimatschutz Ost" und seiner Verabschiedung am 31. Dezember 1920 wurde Schulz zusammen mit Major Buchrucker 1923 aufgrund privatvertraglicher Anstellung durch den Reichswehrchef von Seeckt beauftragt, eine als Arbeitskommando bezeichnete, getarnte Rüstungsreserve im Osten des Reiches aufzubauen. Hierzu wurden im Wesentlichen aus ehemaligen Soldaten rekrutierte sogenannte „Arbeitskommandos" oder „Erfassungsabteilungen" gebildet, die offiziell den Auftrag erhielten, noch vorhandene Waffen aus den Kriegs- und Nachkriegskämpfen zu erfassen und entweder zu zerstören oder der Reichswehr zur

---

[48] Paul Alexander Schulz, Paul Schulz (1898-1963) Oberleutnant a.D., Kurzbiographie

(online)

Verfügung zu stellen. Inoffiziell sollte eine Rüstungsreserve geschaffen werden, die im Falle von feindlichen Ein- und Durchmärschen oder Aufständen hätte aktiviert werden können. Dies ist vor dem Hintergrund zu sehen, dass 1923 als das zentrale Krisenjahr der Weimarer Republik bezeichnet werden muss, in dem ein Kollabieren des Staates jederzeit möglich, wenn nicht gar wahrscheinlich war. Die gegen das Deutsche Reich auf der Grundlage des Versailler Diktats festgesetzten Zwangsabgaben an Maschinen, Nahrungsmitteln, Kohle, Düngemitteln und Devisen führten zu einer Verelendung weiter Schichten der Bevölkerung und verhinderten im Kontext mit dem durch die Gebietsabtretungen erlittenen Verlust der Industriezentren in Oberschlesien und an der Saar, der unter anderem den Verlust von 75 % der Eisenerzvorkommen bedingte, eine Ankurbelung der Wirtschaft. Es entwickelte sich eine Inflation, die ab Januar 1923 geradezu eskalierte und die für das Geschäftsjahr 1922 zu einem - relativ geringfügigen - Verzug bei den Reparationsleistungen führte. Der Lieferverzug umfasste Holz und Kohle im Wert von 24 Millionen Goldmark, dem jedoch erbrachte Leistungen in Höhe von 1.478 Milliarden Goldmark gegenüberstanden. Gleichwohl nahm Frankreich, nachdem es bereits am 8. März 1921 die Städte Duisburg, Düsseldorf und Ruhrort besetzt hatte und in dieser Zeit die außenpolitische Zielstellung verfolgte, die Territorien links des Rheins und an der Ruhr unmittelbar oder mittelbar durch Förderung separatistischer Bestrebungen unter seine Herrschaft zu bringen, den marginalen Fehlbetrag von 1,6 % der fälligen Jahresrate zum Anlass, um am 11. Januar 1923 das Ruhrgebiet mit Truppen zu besetzen und die gesamte Bergbauförderung zu beschlagnahmen. Als daraufhin die Reichsregierung den „passiven Widerstand" ausrief und die Gewerkschaften mit einem Generalstreik antworteten, wurden 14 Arbeiter, die sich der Beschlagnahme widersetzten, von französischen Soldaten erschossen, Hunderte deportiert und 80.000 Deutsche ausgewiesen.[49] Welche Wehmut die Siegerwillkür auch und gerade in der Potsdamer Bürgerschaft hervorrief, brachte anschaulich der Potsdamer Journalist Paul Naetebusch zum Ausdruck, als er in seinen 1925 erschienenen Erinnerungen nach einer eindrucksvollen Schilderung der warmherzigen und gastlichen Aufnahme von Besuchergruppen der französischen akademischen Jugend in der Vor-

---

[49] Schultze-Rhonhof, 1939 Der Krieg, der viele Väter hatte, S. 82 ff.

kriegszeit mit dem klagenden Ausruf endete: „ Frankreich als Kulturbringer! O Rhein, o Ruhr, ihr wisst ein schmerzlich Lied davon zu singen."[50] Die Reichswehr in einer zugestandenen Stärke von lediglich 100.000 Mann war unfähig, die äußere Sicherheit gegenüber den Anrainerstaaten zu gewährleisten. Den 100.000 Reichswehrsoldaten standen Truppenstärken in Höhe von 724.000 Mann in Frankreich, 275.000 Mann in Polen, 140.000 Mann in der Tschechoslowakei und 113.000 Mann in Belgien gegenüber. Die Bedrohung des Reichsgebietes war zuvor bereits in Gestalt der polnischen Korfanty-Überfälle in Schlesien, bei denen mit französischer Duldung das im März 1921 für Deutschland optierende Volkabstimmungsergebnis in Oberschlesien durch vollendete militärische Tatsachen polnischer Nationalisten konterkariert werden sollte, evident geworden und es war zu besorgen, dass das Vorgehen der Franzosen an der Ruhr koordinierte polnische Vorstöße auf das Reichsgebiet nach sich ziehen könnte. Der zwischen 1921 und 1922 amtierende Reichskanzler Wirth äußerte sich später zu der Sicherheitsproblematik wie folgt: „ Alle deutschen Regierungen zwischen 1918 und 1933 und die deutsche Heeresleitung waren von der Sorge um den Bestand des Reiches beseelt, den sie innen- und außenpolitisch bedroht sahen. Bereits in den ersten Jahren nach dem 1. Weltkrieg hatte Polen wiederholt versucht, Teile des Reichsgebietes gewaltsam vom Reich abzutrennen. Die Furcht vor weiteren Angriffen war nicht unbegründet. Nationalistische polnische Kreise forderten weitere Gebietsabtretungen. Dabei war die Bewaffnung der Reichswehr kläglich. Es war angesichts der jammervollen Lage an den deutschen Ostgrenzen selbstverständlich, dass Umschau gehalten worden ist, wie man wehrpolitisch die Lage verbessern könne." Zu den außenpolitischen Gefahren traten in dem Krisenjahr 1923 massive innenpolitische Gefahren hinzu, als in Bayern ein rechtsextremistischer Putsch losbrach und in Sachsen und Thüringen linksextremistische Aufstände vorbereitet wurden.

Der unter Federführung von Major Buchrucker von Oberleutnant Schulz geplante und betriebene Aufbau der Rüstungsreserve gelang in einer Stärke von etwa 20.000 Mann. Grundlage für den

---

[50] Naetebusch, Mein Potsdam, S. 27

Aufbau der Rüstungsreserve war ein am 7. Februar 1923 geschlossenes Abkommen zwischen dem Reichswehrministerium und dem preußischen Innenministerium, das sogenannte Geßler-Severing-Abkommen, das auch von Reichspräsident Ebert, Reichskanzler Cuno und dem Preußischen Ministerpräsidenten Braun unterzeichnet wurde und die vertrauensvolle Zusammenarbeit beim inoffiziellen Grenzschutz regelte. Als die KPD von diesem Abkommen Kenntnis erlangte und in ihrem Parteiorgan „Rote Fahne" hierüber am 22. 2. 1923 unter der Überschrift „Seeckt rüstet zum Bürgerkrieg" berichtete, begann eine langanhaltende öffentliche Debatte über die zu dem Begriff „Schwarze Reichswehr" stilisierte Rüstungsreserve, in deren Verlauf sich die offizielle Reichswehr von dem Projekt distanzierte und Oberleutnant Schulz zu einem politischen Kampfbegriff in einer polarisierten Gesellschaft wurde. An einer eigenmächtigen Protestaktion Major Buchruckers, die als sogenannter „Küstriner Putsch" skandalisiert wurde, war Oberleutnant Schulz nicht beteiligt. Kann bis zu diesem Punkt das Handeln des Oberleutnants Schulz noch als patriotisch motiviert verstanden werden, so beginnt danach zunächst die Inkriminierung und sodann die politische Verstrickung. In der aufgeladenen Atmosphäre des Ruhrkampfes kam es innerhalb der als Rüstungsreserve aufgebauten Arbeitskommandos zu sieben Fällen von Selbstjustiz, in denen sechs Mitglieder der Arbeitskommandos, die in dem Verdacht standen, Informationen über die Arbeitskommandos an die Interalliierte Militärkommission in Deutschland oder die Kommunisten verraten zu haben, getötet wurden und dies bezüglich eines weiteren Mitglieds versucht wurde. Die Täter gehörten zum Teil der verbotenen Organisation Consul (OC) an, die Mitglieder in die Arbeitskommandos eingeschleust hatte. Oberleutnant Schulz wurde der Urheberschaft der sogenannten „Femekampagne" beschuldigt und in einem Fall im März 1927 auf der Grundlage belastender Zeugenaussagen gerichtlich wegen Anstiftung zum Mord verurteilt. Mit der Hoffnung auf Überwindung der gesellschaftlichen Spaltung trat Schulz Ende Oktober 1930 in die NSDAP ein und wurde bald Stellvertreter und engster Mitarbeiter des Reichsorganisationsleiters Gregor Straßer. Nach politischen Differenzen mit dem Führungskreis um Hitler über die Ausrichtung der Partei und insbesondere die Frage der Zusammenarbeit mit anderen politischen Kräften wie dem Zentrum und dem Stahlhelm legten Straßer und Schulz ihre Ämter am 8. Dezember 1932 nieder. Daraufhin als „Abtrünniger" diskreditiert gelangte Schulz auf die Exekutionsliste für den 30. Juni 1934, den Tag des sogenannten „Röhm-Putsches", an dem Hitler unter Bezugnahme auf vermeintliche Staatsstreichpläne Gegner liquidieren ließ. Schulz überlebte sowohl den am 30. Juni 1934 in den Wäldern südlich von Potsdam auf ihn verübten Anschlag des Exekutionskommandos mit einem Steckschuss, wobei er sich tot stellte, als auch im Ausland den 2. Weltkrieg. Um dem in der Jägerallee ausgebildeten Oberleutnant Schulz, einer Reizfigur der Weimarer Republik, trotz seiner Inkriminierung als Veranlasser eines Fememordes, wobei er seine Urheberschaft stets bestritten hat und die zeugengestützte Indizienverurteilung heute nicht mehr verifiziert werden kann, gerecht zu werden, muss allerdings abschließend auch darauf hingewiesen werden, dass Schulz sich nach dem 30. Januar 1933, obwohl bereits selbst gefährdet, für ehemalige jüdische Prozessgegner, insbesondere den preußischen Ministerialrat im Justizministerium Dr. Franz Herrmann, eingesetzt und diese vor Verfolgung geschützt hat.

Die Person des - auch - in der Unteroffizierschule Potsdam sozialisierten Oberleutnants Paul Schulz steht symbolisch für das Unvermögen der Weimarer Republik, die bürgerlichen Eliten, den patriotischen bürgerlichen Mittelstand und die Vielzahl preußisch gesinnter Soldaten zu integrieren, obwohl deren Integration dringend geboten war, um sich sowohl der Gefahr einer bolschewistischen Folgerevolution als auch der Gefahr rechtsextremer Umsturzversuche erwehren zu können. Dem steht nicht entgegen, dass Schulz zunächst als Freikorpsangehöriger und später als einer der Verantwortlichen für den Aufbau der Rüstungsreserve im Osten faktisch über einen längeren Zeitraum für die Weimarer Republik arbeitete. Solche für das Überleben der Republik essentiellen Leistungen wurden zwar verschämt entgegengenommen, aber ebenso wie die Leistungen und Verdienste der deutschen Soldaten im 1. Weltkrieg tabuisiert; ja es wurde sogar im Wesentlichen hingenommen, dass eine wirkmächtige linke Szene die Leistungen medienwirksam herabwürdigen und verachten konnte. Beispielhaft genannt seien hier die DADA-Messe 1920 in Berlin, auf der unter anderem eine Soldatenpuppe in einer mit Tapferkeitsauszeichnungen geschmückten Uniform mit einem Schweinekopf ausgestellt wurde, die dekadenten und geschmack-

losen Veröffentlichungen eines Walter Mehring in seinem sogenannten Gedicht „Der Coitus im Dreimäderlhaus" und Ernst
Friedrich, der in Berlin ein „Anti-Kriegsmuseum" betrieb und
Soldaten als in staatlich konzessionierten Mörderschulen (Kasernen) ausgebildete und vom Staat bezahlte Berufsmörder verun-
glimpfte. Zu Recht hat Krumeich darauf hingewiesen, dass es das
Menetekel der Weimarer Republik gewesen sei, keine Antwort auf
die Niederlage im 1. Weltkrieg gefunden zu haben, die den Hass
und die Zerrissenheit zumindest teilweise hätte überwinden können.[51] Das Integrationsversagen der Weimarer Republik hat dazu
geführt, dass Persönlichkeiten wie Paul Schulz, die ohne die politischen Erosionen am Ende des 1. Weltkrieges und deren unge-
bändigte Fortdauer mit an Sicherheit grenzender Wahrscheinlichkeit als - unauffällige - Stützen der Gesellschaft ohne die Gefahr, in Legalitätskonflikte zu geraten, reüssiert hätten, ihr politisch - ethisches Gleichgewicht verloren haben.

b) Ferdinand Freiherr von Lüninck zu Ostwig

Von ungleich größerer Bedeutung für die Liegenschaft Jägerallee 10 - 12 in Potsdam als katholischer Patriot, Verwaltungsjurist
und militärischer Befehlshaber der am Standort kasernierten
Einheit in bewegter Zeit mit Vorbildcharakter ist Ferdinand Freiherr von Lüninck zu Ostwig.

Ferdinand Freiherr von Lüninck[52] wurde am 3. August 1888
als erstes von acht Kindern der Eheleute Carl Franz Joseph Freiherr von Lüninck und Anna Maria, geborene von Mallinckrodt,
auf dem Gut Ostwig im Kreis Meschede geboren. Die Familie war
katholisch geprägt und hatte starke kirchliche Bindungen. Sein
Großvater mütterlicherseits war der Zentrumspolitiker Hermann

---

[51] Krumeich, Die unbewältigte Niederlage, S. 238 ff, 268

[52] Möhring, Ferdinand Freiherr von Lüninck, S. 60 ff.;

Klausa, Vom Bündnispartner zum „Hochverräter", S. 530 ff.

von Mallinckrodt, der sich im Kaiserreich als profilierter Vertreter der den politischen Katholizismus repräsentierenden Zentrumspartei für die politische Gleichberechtigung der Katholiken engagiert hatte. Nach dem Besuch der katholischen Schule in Ostwig von 1895 bis 1899 und einem Internatsaufenthalt in dem von Jesuiten geleiteten Internat Stella Matutina in Feldberg in der katholischen Doppelmonarchie bis 1901 setzte er seine Schulausbildung am Gymnasium Petrinum in Brilon fort, wo er 1906 das Zeugnis der Reife erlangte. Danach studierte Lüninck Rechtswissenschaften in München, Münster und Göttingen. Im Juni 1909 legte er vor dem Oberlandesgericht Celle erfolgreich die erste juristische Staatsprüfung ab und wurde noch im selben Monat zum Justizreferendar ernannt und dem Amtsgericht Bigge zum Vorbereitungsdienst zugewiesen. Für Bigge als Stadtteil von Olsberg ist heute die Zuständigkeit des Amtsgerichts Brilon begründet. Nach vier Monaten unterbrach Lüninck das Referendariat und leistete als einjährig Freiwilliger seinen Militärdienst beim Garde-Schützen-Bataillon in Berlin-Lichterfelde. In der Reichshauptstadt lernte er die preußischen Denk- und Verhaltensmuster kennen, die ihn neben seiner aristokratischen Herkunft und katholischen Verwurzelung zeitlebens prägen sollten. Nach Beendigung des Militärdienstes nahm er die Tätigkeit als Justizreferendar wieder auf, bemühte sich aber wegen Desinteresses am Justizdienst um ein Regierungsreferendariat, das er am 28. Juni 1911 unter Zuweisung an den Landrat in Erkelenz auch erhielt. Die Erfahrung im Justizreferendariat, für die mühselige und dornenreiche Beschäftigung mit Verfahrensakten nicht bestimmt und wohl eher zu einer Verwaltungstätigkeit berufen zu sein, hatte vor Lüninck auch schon der Auskultator (Referendar) und spätere Reichskanzler Bismarck gemacht. Das Regierungsreferendariat schien den Neigungen Lünincks zu entsprechen, sodass er schnell mit Landrats- und Bürgermeistervertretungen im Bezirk Düsseldorf betraut wurde. Noch vor Ablegung des Assessorexamens brach der 1. Weltkrieg aus und der nach Reserveübungen zwischenzeitlich zum Leutnant der Reserve ernannte Lüninck wurde als Kompanieführer bei den Gardeschützen einberufen. Nach Einsätzen an der Westfront ermöglichte ihm ein Sonderurlaub am 22. Januar 1916 die Ablegung des Assessorexamens in Berlin mit der Note „vollkommen befriedigend", woraufhin er am 31. Januar 1916 zum preußischen Regierungsassessor ernannt wurde. Ab Mitte November 1916 befand Lüninck sich wieder im

Militäreinsatz. Zunächst fand seine Einheit auf dem Balkan und ab 1918 wieder an der Westfront Verwendung. Nach einem zweimonatigen Lazarettaufenthalt erlebte er das Kriegsende im Ersatzbataillon und wurde im Zuge der Demobilmachung am 23. November 1918 im Rang eines Oberleutnants der Reserve aus dem aktiven Militärdienst entlassen.

Schon am 6. Dezember 1918 beauftragte ihn der Regierungspräsident in Düsseldorf mit der kommissarischen Verwaltung des Landkreises Neuss. Nachdem der Kreistag am 15. Mai 1919 einstimmig um Ernennung Lünincks zum Landrat ersucht hatte, erfolgte dessen Ernennung durch die preußische Regierung am 28. Juli 1919. Die zunächst kommissarische Ernennung unmittelbar nach der Ausrufung der Republik und die förmliche Berufung Mitte 1919 verdeutlichen anschaulich, dass die politischen Veränderungen in Deutschland im November 1918 nicht als tiefgreifender gesellschaftlicher Bruch, als Revolution im Sinne der Sansculotten oder Bolschewisten gesehen werden können. Es gab kein deutsches „Manifest der Wütenden". Bereits am 30. September 1918 hatte ein Erlass des Deutschen Kaisers über die stärkere Teilhabe des Volkes an den Rechten und Pflichten der Regierung faktisch den Übergang von der konstitutionellen zur parlamentarischen Monarchie herbeigeführt. [53] Infolge der anhaltenden kriegsbedingten Belastungen und insbesondere der verschärften Engpässe bei der Versorgung mit Gebrauchsgütern und Grundnahrungsmitteln durch die Blockade der Ententemächte gab es eine allgemeine Erschöpfung, Müdigkeit und Verdrossenheit sowie im Herbst 1918 ein beginnendes „Verdünnisieren von Soldaten", das sich mit Bekanntwerden des Notenkampfes mit Wilson und dem offenbar bevorstehenden Waffenstillstand zu einem verdeckten Militärstreik entwickelte, jedoch im Wesentlichen keinen ausgeprägten revolutionären Willen. Stark pointiert, aber nicht zu Unrecht hat Walter Rathenau darauf hingewiesen, dass es keine revolutionäre Sehnsucht gegeben habe, das Volk unbeteiligt geblieben sei und die alten Männer in neuer Zusammenstellung amtieren würden. [54] Nur vor diesem Hintergrund ist erklärbar,

[53] Krumeich, Die unbewältigte Niederlage, S. 106

[54] Walther Rathenau, zitiert bei Krumeich, Die unbewältigte Niederlage, S. 130

dass ein zwar gut ausgebildeter und - mangels Gelegenheit infolge der „Gnade der späten Geburt" - politisch unvorbelasteter Mann wie Lüninck, der jedoch offenkundig die konservative Elite des Kaiserreichs repräsentierte, unmittelbar nach dem 9. November 1918 mit bedeutsamen Verwaltungsaufgaben betraut werden konnte.

Auf Initiative des Rheinischen Bauernverbandes erklärte der junge Landrat Lüninck sich bereit, erstmalig in das politische Rampenlicht zu treten und für die Reichstagswahl am 6. Juni 1920 zu kandidieren. Er ließ sich im linksrheinischen Wahlkreis Düsseldorf II für die Zentrumspartei auf dem sechsten Listenplatz aufstellen. Die Kandidatur für das Zentrum erschien aufgrund der persönlichen Verwurzelung im Katholizismus und der eigenen Familiengeschichte bei oberflächlicher Betrachtung konsequent. Allerdings musste auch die Zentrumspartei ihre Rolle im „nachrevolutionären Deutschland" erst neu definieren, wobei sich von Anfang an Gegensätze zwischen der Mehrheitsauffassung der Partei, die sich mit dem Staat arrangierte, auf christlich konservativer Grundlage die Verfassung stützte und an fast allen Koalitionsregierungen der Weimarer Republik beteiligt war, und der Position Lünincks zeigten. Im Wahlkampf bekannte Lüninck sich als Gegner des Parteienwesens, der nicht bereit war, der Parteidisziplin Opfer zu bringen. Er kritisierte den nach seiner Auffassung fehlenden katholischen Standpunkt des Zentrums, erklärte unter Berufung auf die päpstliche Enzyklika „Diuturnum illud", auf die wegen der essentiellen Bedeutung für das Selbstverständnis Lünincks und seine Handlungsmaximen an anderer Stelle noch näher eingegangen werden soll, die Idee der Volkssouveränität als unvereinbar mit der katholischen Staatslehre und sprach sich für eine ständestaatliche Verfassung mit zwei Kammern, einem Volksparlament und einem mit Fachleuten besetzten berufsständischen Parlament, sowie eine nur dem Staatsoberhaupt verantwortliche Reichsregierung aus. Persönlich wollte er sich für die Freiheit der Kirche, die Erhaltung der föderalen Struktur sowie die Stärkung der Rechte der Selbstverwaltungskörperschaften und die Förderung der Wirtschaft einsetzen. Den säkularisierten Staat problematisierte er als schrankenlos, weil er kein göttliches Sittengesetz über sich anerkenne. Der für das Zentrum enttäuschende Wahlausgang verhinderte ein Reichstagsmandat für

Lüninck und bewahrte ihn vor schweren Auseinandersetzungen innerhalb der Zentrumsfraktion, die unausweichlich geworden wären. Eine spätere Kooperation mit dem Zentrum blieb aus. Dafür dürften, worauf Möhring zu Recht hinweist,[55]nicht zuletzt die vom Zentrum mitgetragene und von Lüninck abgelehnte Erfüllungspolitik bezüglich der Bestimmungen des Versailler Diktats und die Koalitionsbildung mit der Sozialdemokratie verantwortlich gewesen sein.

Nach seinem eher unspektakulären politischen Intermezzo widmete er sich wieder verstärkt seinen Landratsgeschäften, wobei er sich gegen seine Tätigkeit behindernde Auflagen der in seinem Amtsbezirk als Besatzungsmacht amtierenden belgischen Militäradministration zur Wehr setzte. Mit seiner Weigerung, Bürger zu benennen, die mit Abgaben an die Besatzungsmacht in Rückstand geraten waren, nahm er eine Haftstrafe von sechs Wochen in Kauf, die er bis zur Intervention der Reichsregierung teilweise verbüßte.[56]

Nach dem Tod des Vaters im Dezember 1921 übernahm er traditionsgemäß als ältester Sohn die Verwaltung des elterlichen Gutes. Allerdings blieb Lüninck gesellschaftspolitisch aktiv, initiierte ohne nachhaltigen Erfolg einen Zusammenschluss katholischer Männer, um den katholischen Grundsätzen im öffentlichen Leben gebührende Achtung zu verschaffen und engagierte sich federführend in dem einer Volksgemeinschaft auf der Basis einer christlich-sittlichen Lebens- und Gesellschaftsauffassung verpflichteten Wehrverband „Westfalen - Bund", den er im Oktober 1924 mit dem Bund der Frontsoldaten „Stahlhelm" fusionierte. Die Zeit Lünincks als Führer des Landesverbandes Westfalen im „Stahlhelm" bis 1928 ist maßgeblich geprägt durch eine zunehmende Konfrontation mit dem Zentrum und einen Dauerkonflikt mit dem Episkopat. Obwohl er sich während seiner gesamten Amtszeit intensiv bemühte, gelang es ihm nicht, eine zumindest koexistentielle Duldung zwischen dem Episkopat und den Wehrverbänden zu vermitteln. Die katholischen Bischöfe sprachen zwar kein ausdrückliches Verbot für die Betätigung katholischer

[55] Möhring, Ferdinand Freiherr von Lüninck, S.66

[56] Klausa, Vom Bündnispartner zum „Hochverräter", S. 534

Laien in den vaterländischen Verbänden aus, erteilten aber eine dem Verbot nahezu gleichkommende direkte Warnung. Schon nach der Reichstagswahl vom 14. September 1930, in der die Nationalsozialisten 18 % der Stimmen errangen und zur zweitstärksten politischen Kraft aufstiegen, jedenfalls aber nach der Reichstagswahl vom 31. Juli 1932, in der die Nationalsozialisten mit 37 % der Stimmen zur stärksten Partei wurden, musste Lüninck ebenso wie das gesamte Spektrum des politischen Katholizismus über seine Positionierung gegenüber der „nationalen Bewegung" reflektieren. Als Vorstandsmitglied des rheinisch-westfälischen Edelleutevereins bekannte er sich im Gegensatz zu dem die Ideologie und Ziele des Nationalsozialismus wegen dessen Propagierung eines „positiven Christentums" ablehnenden Episkopat zu einer nicht nur möglichen, sondern notwendigen Zusammenarbeit mit der „nationalen Bewegung". Lüninck beklagte, dass die Bischöfe das „vielfach Gesunde in der nationalsozialistischen Bewegung" nicht erkannt hätten und das im Parteiprogramm verankerte Bekenntnis zum „positiven Christentum" allein dahingehend zu verstehen sei, dass der Nationalsozialismus sich grundsätzlich zur bewussten Pflege der christlichen Kultur in ihren historisch gewordenen Formen bekenne. Mit diesem realitätsfernen Wunschdenken stand Lüninck, dessen politische Erwartungshaltung zudem von der Überwindung der Partikularinteressen zugunsten einer echten Volksgemeinschaft und der Überwindung der Beschränkungen des Versailler Diktats bestimmt war, nicht allein. Nicht nur Katholiken mit nationalkonservativer Prägung, sondern auch weite Teile des politischen Katholizismus innerhalb der Zentrumspartei befanden sich in der Endphase der Weimarer Republik in einer ideologischen Krise und gelangten wohl nicht aus Überzeugung, aber aus fatalistischer Fügung in das vermeintlich Unabwendbare zu ähnlichen Schlussfolgerungen.

Viele Katholiken wähnten die Welt „aus den Fugen geraten" und den Liberalismus als Ideologie gescheitert. Ohne dem politischen Katholizismus noch eine ausreichende eigene Gestaltungskraft zuzubilligen, sahen sie die taumelnde Welt auf eine finale Auseinandersetzung zwischen den Fundamentalideologien Bolschewismus und Faschismus zusteuern und glaubten, dass der politische Gestaltungsrahmen sich darauf kaprizieren würde, in der schicksalhaft heraufziehenden Auseinandersetzung für eine Seite zu optieren. Wie auf der Grundlage dieser fehlerhaften Prämisse die Option für einen im Katholizismus verwurzelten Konservativen ausfallen musste, konnte dann allerdings kaum zweifelhaft sein. Die Nachrichten aus der Sowjetunion über Massaker an Hunderttausenden revoltierender Arbeiter und Bauern zwischen 1918 und 1922, die Liquidierung und Deportation der Donkosaken 1920, die bewusst herbeigeführten Hungersnöte mit Millionen Opfern 1922 sowie die Zwangsarbeitslager und Kirchenverfolgungen waren in Europa allgemein bekannt. Während der bereits seit mehr als einer Dekade als reale Gewaltherrschaft in Osteuropa existierende und Gottlosigkeit propagierende Bolschewismus Furcht und Schrecken verbreitete, schien prima facie ein Arrangement mit dem Nationalsozialismus zur Absicherung der Religion und christlichen Ethik in Staat und Gesellschaft denkbar. Wie weit solche Vorstellungen im politischen Katholizismus verbreitet waren, dokumentiert anschaulich die von dem Münchener Historiker Max Buchner, der später an der Universität Würzburg lehrte, seit 1924 herausgegebene Monatsschrift „Gelbe Hefte", die an die traditionsreichen „Historisch Politischen Blätter für das katholische Deutschland" anknüpfen wollte. In dieser gerade auch von den klassischen Zentrumswählern stark beachteten Publikation wurde zunehmend eine überkonfessionelle „Einheitsfront" zur Rettung der „deutschen Seele" gegen Aufklärung und Liberalismus gefordert. Damit war die Tür aufgestoßen, um über Möglichkeiten einer Kooperation mit dem Nationalsozialismus zu reflektieren. In dem 1932 veröffentlichten Aufsatz „Quo vadis?" sprach sich Kluth unter der Prämisse, dass ein starker Materialismus das Land beherrsche und der Liberalismus glaubensfeindlich und gescheitert sei, offen dafür aus, dem Nationalsozialismus, der, wie der Autor glaubte, unter anderem einen Staat auf christlicher Grundlage errichten wolle, vorurteilsfrei gegenüberzutreten und über dessen Ziele, die jedenfalls teilweise realisierbar seien, zu diskutieren.[57] Dabei darf auch nicht außer Acht gelassen werden, dass der von Reichspräsident Hindenburg beschworene Wiederaufbau einer „echten Volksgemeinschaft" ohne eine breite parlamentarische Mehrheit für die Regierung unter Beteiligung der stärksten Reichstagsfraktion kaum realisierbar schien. Dieser Wiederaufbau einer „echten Volksgemein-

---

[57] Kluth, Quo vadis? Eine Frage an das Zentrum, S. 541 ff.

schaft" war aber keineswegs die alleinige politische Zielstellung des Reichspräsidenten. Weite Kreise der Gesellschaft, insbesondere innerhalb der politische Verantwortung tragenden Generation, die noch von der Einigungskraft des parteipolitische Grenzen relativierenden „Augusterlebnisses 1914" geprägt und von den bürgerkriegsartigen Auseinandersetzungen der frühen Weimarer Republik abgestoßen und traumatisiert waren, teilten grundsätzlich diese Zielstellung. Instruktiv ist insoweit das Vorwort in der Festschrift der Hindenburgspende anlässlich des 80. Geburtstages des Reichspräsidenten 1927, in dem der dem Zentrum angehörende Reichskanzler Marx ausführte, das Streben der Regierung sei auf einen Wiederaufbau der deutschen Weltgeltung mit den Mitteln einer ebenso sehr auf friedliche Verständigung wie auf die Wahrung der nationalen Würde bedachten Politik gerichtet und man fühle sich als Reichsregierung gemeinsam mit dem Reichstag der vom Reichspräsidenten als politisches Ziel ausgegebenen „echten Volksgemeinschaft" über Sonderinteressen hinweg unter Einschluss aller Bevölkerungsschichten und Parteigruppierungen verpflichtet. Mit Lünincks schon früh geforderter „Volksgemeinschaft auf der Basis einer christlich-sittlichen Lebens- und Gesellschaftsauffassung" dürften solche Vorstellungen zumindest partiell kompatibel gewesen sein.

Vor dem Hintergrund dieses Zeitgeistes, der ungeachtet durchaus kritischer und mahnender Worte eines erheblichen Teils des Klerus und der Kurie einen „Brückenschlag von Kreuz zu Hakenkreuz"[58]als möglich erachtete, erfolgte die Regierungsübernahme durch die Koalitionsregierung der „nationalen Erhebung" unter der Kanzlerschaft Hitlers und der Vizekanzlerschaft Franz von Papens, der wie Lüninck dem westfälischen Adel entstammte und im Katholizismus verwurzelt war. Papen gehörte bis zu seiner 1932 erfolgten und - wenn man den Anteil seines Restaurationswillens am Schmieden der Koalitionsregierung der „nationalen Erhebung" ausblendet - Episode gebliebenen Ernennung zum Reichskanzler der Zentrumspartei an, wobei allerdings ab 1925 bei ihm eine zunehmende Entfremdung von der Partei eintrat, die sich unter anderem darin manifestierte, dass Papen in

---

[58] Möckelmann, Franz von Papen, S. 290 ff.

der Reichspräsidentenwahl 1925 Hindenburg, dessen Vertrauen er zunehmend suchte und gewann, unterstützte und nicht den Zentrumskandidaten Marx. Diese Entwicklung war der politischen Entwicklung Lünincks nicht unähnlich, der sich allerdings früher und stärker als Papen von der Zentrumspartei distanziert hatte und gleichfalls die Präsidentschaft Hindenburgs unterstützte. Der Regierungswechsel, den Lüninck mit großen Erwartungen verband, eröffnete für ihn neue Perspektiven. Als Göring in seiner Eigenschaft als kommissarischer preußischer Innenminister den Zentrumspolitiker und Oberpräsidenten von Westfalen Johannes Gronowski als Anhänger der „Weimarer Systemparteien" in den einstweiligen Ruhestand versetzte, ernannte er Lüninck zum kommissarischen Oberpräsidenten von Westfalen. Ob dies auf Empfehlung oder Fürsprache des katholischen Standesgenossen Franz von Papen geschah, ist nicht sicher, aber in hohem Maße wahrscheinlich. Während Schobeß von einer Fürsprache Papens bei der Berufung Lünincks sicher ausgeht[59] und Klausa eine Empfehlung Papens als wahrscheinlich bezeichnet,[60] findet eine diesbezügliche Intervention Papens weder bei Möhring noch bei Möckelmann Erwähnung. Mit der Ernennung Lünincks verbunden war zweifellos die Erwartungshaltung der neuen Regierung auf größere Akzeptanz in einer stark katholisch geprägten Region.

Die mit der Etablierung der Koalitionsregierung der „nationalen Erhebung" scheinbar näher rückende Wunschvorstellung weiter Teile des politischen Katholizismus von einem „Brückenschlag von Kreuz zu Hakenkreuz" konnte sich zumindest darauf stützen, dass in dem Parteiprogramm der NSDAP von 1920 festgelegt war: „Die Partei als solche vertritt den Standpunkt eines positiven Christentums, ohne sich konfessionell an ein bestimmtes Bekenntnis zu binden." und Hitler in seiner Weltanschauungsschrift „Mein Kampf" erklärt hatte, dass ohne die dogmatischen Grundlagen der einzelnen Kirchen der praktische Bestand eines religiösen Glaubens nicht denkbar sei und dem politischen Führer religiöse Lehren und Einrichtungen seines Volkes immer unantastbar

---

[59] Schobeß, Das Kriegshandwerk der Deutschen, Band II, S. 444

[60] Klausa, Vom Bündnispartner um „Hochverräter", S. 535

zu sein hätten.[61] Solche Erwartungshaltungen wurden in der Anfangszeit der nationalsozialistischen Herrschaft durch mehrere programmatische Äußerungen des Reichskanzlers, die aus der Feder Papens stammten, sowie insbesondere den Abschluss des Reichskonkordats zwischen dem Deutschen Reich und dem Vatikan am 20. Juli 1933 genährt. Beispielsweise enthielt der „Aufruf der Reichsregierung an das deutsche Volk", der am 1. Februar 1933 von Hitler als Reichskanzler über den Rundfunk verlesen wurde, die Aussage: „ Die Regierung wird das Christentum als Basis der gesamten Moral, die Familie als Keimzelle unseres Volkes und Staatskörpers in ihren besonderen Schutz nehmen." Zwar konnten weder Konservative noch mit einer „schwarzen Brille"[62] das politische Geschehen betrachtende Zentrumsparteigänger verkennen, dass spätestens in der „Nacht der langen Messer" am 30. Juni 1934, als in Reaktion auf einen vermeintlich bevorstehenden Putsch der SA in einem Blutbad nicht nur Mitglieder der paramilitärischen Sturmabteilung der NSDAP sondern auch namhafte Militärs und Vertreter der konservativen Elite liquidiert wurden, die letzten Fesseln einer christlichen Moral fielen und das Regime, das sich eben auch auf eindeutig kirchenfeindliche Schriften wie den „Mythus des 20. Jahrhunderts" von Rosenberg stützen konnte, zunehmend auf einen Kirchenkampf zusteuerte. Dennoch wurde lange Zeit versucht, dies als nicht repräsentative und nicht legitimierte Exzesse von Extremisten innerhalb der nationalsozialistischen Bewegung zu werten. Teilweise wurden solche Erklärungsmuster auch theologisch-dogmatisch untersetzt. So vertrat der aus Graz stammende Titularbischof Hudal in seiner Schrift „ Grundlagen des Nationalsozialismus - Eine ideengeschichtliche Untersuchung" etwa die Auffassung, es gebe einen durch Rosenberg und seinen „Mythus" repräsentierten linksradikalen, kirchenfeindlichen Flügel des Nationalsozialismus, der auf eine Entkonfessionalisierung aller Bereiche des öffentlichen Lebens dränge und weltanschauliche Probleme, die mit dem Nationalsozialismus an sich nichts zu tun hätten, in das nationale und sozialreformerische Programm der Partei hineintragen wolle.[63]

---

[61] Hitler, Mein Kampf, zitiert nach Möckelmann, Franz von Papen, S. 325

[62] Im katholisch geprägten Rheinland wurden umgangssprachlich Katholiken als

„Schwarze" und Protestanten als „Blaue" bezeichnet.

[63] Möckelmann, Franz von Papen, S.322 f.

Der neue kommissarische Oberpräsident von Westfalen trat sein Amt unter Berufung auf ein honoriges und ehrgeiziges Programm an. Er bekundete, eine echte Selbstverwaltung aufbauen und die gesamte staatliche Verwaltung mit dem Geist eiserner Sparsamkeit, persönlicher Anspruchslosigkeit und unbedingter Sauberkeit durchdringen zu wollen. Die neue Amtsstellung war auch mit der an ihn selbst gerichteten Erwartungshaltung einer Mitgliedschaft in der NSDAP verbunden, der Lüninck trotz seiner schon früh bekundeten Gegnerschaft zum Parteienwesen sich nicht entziehen konnte. Rückwirkend zum 1. Mai 1933 wurde er in die NSDAP aufgenommen. Am 26. Juni 1933 wurde er mit Wirkung vom 16. Juni 1933 offiziell zum Oberpräsidenten der Provinz Westfalen bestellt und im Oktober 1933 auch in den Preußischen Staatsrat berufen. Fest integriert in das nationalsozialistische Herrschaftssystem bemühte er sich allerdings, das Gesetz zur Wiederherstellung des Berufsbeamtentums, das die Entfernung politisch missliebiger Amtsträger und die Neubesetzung der Stellen mit politischen Parteigängern ermöglichte, im Rahmen seiner Möglichkeiten moderat zu handhaben.[64] Eingriffe der Partei in die Staatsverwaltung trachtete er zu begrenzen. Sein mit Entschiedenheit vertretener personalpolitischer Maßstab war die fachliche Befähigung.[65] Dabei soll nicht verkannt werden, dass sein von der Aufrechterhaltung der Staatsautonomie und Menschlichkeit geprägtes Handeln die stärkste Ausprägung bei persönlichen Bekannten und Standesgenossen fand.[66]

Die Amtszeit begann für den Katholiken Lüninck nicht nur wegen der noch von Papen beeinflussten frühen programmatischen Äußerungen des Reichskanzlers und der Aufnahme der Konkordatsverhandlungen vielversprechend, sondern auch, weil die von ihm lange ersehnte Aussöhnung mit dem Episkopat greifbar schien, als die Fuldaer Bischofskonferenz am 28. März 1933 unter dem Eindruck der Zusicherungen Hitlers in der Regierungserklärung vom 24. März 1933 die gegen die NSDAP gerichteten Warnungen und Verbote aufhob. Bei der Amtseinführung des neu

[64] Möhring, Ferdinand Freiherr von Lüninck, S.79

[65] Klausa, Vom Bündnispartner zum „Hochverräter", S. 544 ff.

[66] Klausa, Vom Bündnispartner zum „Hochverräter", S. 547 f.

ernannten Bischofs von Münster, Clemens August Graf von Galen, am 28. Oktober 1933 äußerte Lüninck sich geradezu euphorisch dahingehend, dass die Reichsregierung entschlossen sei, aus Deutschland wieder ein Land christlicher Kultur zu machen und aufs engste mit der Kirche kooperieren wolle. Das Hakenkreuz als Symbol deutscher Erneuerung sei kein Antipode oder Feind des Erlösers, sondern habe Schutz und Schirm in Zeiten der Gefahr geboten. Diese Erwartungshaltung wurde jedoch alsbald durch die Realität konterkariert. Während die rigorose Beschränkung der Betätigung der konfessionellen Verbände auf kirchliche, religiöse und karitative Angelegenheiten durchaus noch mit dem Staats-und Amtskirchenverständnis Lünincks korrespondierte, musste er im Januar 1934 mit Besorgnis die Ernennung des fanatischen Weltanschauungspropagandisten und Verfassers des „Mythus des 20. Jahrhunderts", Alfred Rosenberg, der das Christentum durch eine artgemäße deutsche Religion substituieren wollte, zum Beauftragten des Führers für die Überwachung der gesamten geistigen und weltanschaulichen Schulung und Erziehung der NSDAP zur Kenntnis nehmen. Seine diesbezüglichen Warnungen vor kulturkämpferischen Konflikten richteten sich allerdings gegen Politiker, die sich vermeintlich gegen den Willen des Führers als Künder einer neuen Religion gerieren wollten, womit er sich im Einklang mit der Interpretationslinie Hudals befand, der in Rosenberg den Repräsentanten eines auf Entkonfessionalisierung dringenden, linksradikalen und kirchenfeindlichen Flügels der Partei erblickte, dessen Thesen jedoch nichts mit dem im Sinne des Führers richtig verstandenen Nationalsozialismus zu tun hätten.

Die Amtszeit Lünincks als Oberpräsident wurde maßgeblich durch die Auseinandersetzung mit dem offensiv und wortgewaltig die kirchlichen Interessen vertretenden Bischof Galen bestimmt. Lüninck, selbst tief im Katholizismus verwurzelt und der Kirche wohlgesonnen, vermied es, sich durch Bischof Galen in einen offenen Konflikt mit der Partei treiben zu lassen, der für ihn unabsehbare persönliche Konsequenzen heraufbeschworen hätte. Einem Ansinnen Galens, dem als Hauptredner zum Gauparteitag nach Münster eingeladenen Rosenberg polizeilich das Wort verbieten zu lassen, konnte er sich nur versagen. Lüninck vertrat die Auffassung, dass das Konkordat dem Bischof nicht das Recht einräume, gegen Einrichtungen und Maßnahmen des Staates Stellung zu nehmen. Folgerichtig empfahl er eine scharfe Zurückweisung aller rhetorischen Angriffe Galens, die sich nach seiner Wahrnehmung gegen staatliche Belange richteten und die er als demagogisch empfand. Gleichwohl positionierte er sich eindeutig gegen strafrechtliche Ermittlungen gegen Bischof Galen aufgrund des Kanzelparagraphen und gegen dessen Festnahme. Dieses Verhalten muss keineswegs ambivalent erscheinen, sondern zeigt vielmehr, dass der nicht allein katholisch geprägte, sondern auch in einem modernen Nationalstaat aufgewachsene und preußisch erzogene Oberpräsident jenseits der Brisanz der aktuellen weltanschaulichen Herausforderungen den seit dem Investiturstreit in gewandelten Formen fortschwelenden Konflikt um die Vorrangstellung zwischen Staat und Kirche nicht im gregorianischen Sinne interpretieren mochte und als Staatsrepräsentant wohl auch nicht konnte. Lüninck war kein Vertreter der Amtskirche, sondern Staats- und Nationalkatholik. Schon 1925 hatte er sich entschieden gegen den Missbrauch des geistlichen Amtes und Gottesdienstes für parteipolitische Zwecke gewandt.[67] In der Auseinandersetzung mit dem Bischof Galen um den Auftritt Rosenbergs in Münster konnte er als Staatskatholik nicht anders handeln und einem Reichsleiter durch polizeiliche Ordnungsverfügung nicht das Wort verbieten. Dies schloss aber keineswegs aus, dass er sich im Kernbereich der Kirche als deren Wahrer und Schützer fühlte und gerierte. Damit korrespondiert seine vertrauensvolle Zusammenarbeit mit dem weniger streitbaren Paderborner Erzbischof Klein. Als jedoch am 21. März 1937 in den deutschen Diözesen die Enzyklika „Mit brennender Sorge", mit der Papst Pius XI. sich von der Weltanschauung und Politik des Nationalsozialismus distanzierte, verlesen und im Juni 1937 Lünincks Bruder Hermann, nachdem er schon 1935 als Oberpräsident der Rheinprovinz zurückgetreten und 1937 aus der NSDAP ausgetreten war, aus dem Preußischen Staatsrat ausgeschlossen wurde, musste auch bei dem Oberpräsidenten von Westfalen das mühsam austarierte Spannungsverhältnis zwischen gelebter christlich - katholischer Ethik und der vom Staat erforderten Anpassung aufgrund seiner Amtsstellung kulminieren. Als Göring, durch die päpstliche Enzyklika herausgefordert, sich dazu hinreißen ließ, in dem Schreiben an Hermann Lüninck, mit dem er dessen Aus-

---

[67] Klausa, Vom Bündnispartner zum „Hochverräter", S. 553

schluss aus dem Preußischen Staatsrat begründete, die katholische Lehre und deren Auslegung als unvereinbar mit der nationalsozialistischen deutschen Auffassung zu brandmarken, sah Ferdinand Lüninck sich zu einer Reaktion veranlasst. Er wandte sich mit einem unter dem 7. Juni 1937 verfassten Brief an Göring, in dem er zwar seine Überzeugung kundtat, davon ausgegangen zu sein und weiterhin auszugehen, sowohl ehrlicher deutscher Nationalsozialist als auch gläubiger katholischer Christ sein zu können, sich aber auch ohne ein Zeichen von Subordination rückhaltlos zu dem gesamten Glaubensinhalt der katholischen Lehre und ihrer kirchenamtlichen Auslegung im religiös verpflichtenden Kernbereich bekannte. Diese in der Form moderate, in der Sache jedoch entschiedene Positionierung verband Lüninck mit der Bitte um Prüfung, ob sein Amtsverständnis noch mit den Richtlinien der Staatsführung kompatibel sei. Damit hatte er, wohl auch nach eigener Wahrnehmung, den Fehdehandschuh geworfen. [68] Auch wenn Göring nicht sofort handelte, sondern Lüninck noch bis 1938 in seinem Amt beließ, war klar, dass eine Zäsur unvermeidlich wurde. Lüninck nutzte die ihm noch im Amt verbliebene Zeit, um sich unterhalb der Schwelle der politischen und repräsentativen Aufmerksamkeit im Stillen für kirchliche Bittsteller einzusetzen, aber auch anderen Bedrängten im Rahmen seiner Möglichkeiten zu helfen. So gelang es ihm beispielsweise, die Entlassung des Sozialdemokraten Höller aus dem Konzentrationslager Sachsenhausen zu erwirken. Dabei muss ihm spätestens zu diesem Zeitpunkt voll bewusst geworden sein, dass sein wesentlich auf der Enzyklika „Diuturnum illud" des Papstes Leo XIII. beruhendes Staatsverständnis, auf das er sich schon als junger Landrat erfolglos im Wahlkampf bezogen hatte, mit dem zwischenzeitlich voll entwickelten nationalsozialistischen Führerstaat nicht in Kongruenz zu bringen war.

Überhaupt muss diese Enzyklika als ein Schlüsseldokument für das Verständnis Lünincks und dessen Lebensweg angesehen werden, das für ihn Richtschnurcharakter bis zu seinem Lebensende behalten sollte und deshalb einer kurzen Betrachtung be-

---

[68] Klausa, Vom Bündnispartner zum „Hochverräter", S. 559; Möhring, Ferdinand Freiherr von Lüninck S. 90 f.

darf. Papst Leo XIII. wandte sich mit der Enzyklika 1881 gegen die Irrtümer des Kommunismus, Sozialismus und Nihilismus, die er als Todesboten der bürgerlichen Gesellschaft anprangerte. Dabei ging er von einem die Notwendigkeit der obrigkeitlichen Gewalt betonenden Staatsverständnis aus und negierte ausdrücklich die auf Thomas Hobbes zurückgehende Lehre von dem Gesellschaftsvertrag, die staatliche Herrschaft dadurch legitimiert, dass die Bürger untereinander einen Vertrag schließen, dessen Bindungswirkung auf der autonomen Willensentscheidung der Vertragspartner beruht. Hierzu führte Leo XIII. aus, es sei ein großer Irrtum, die offenkundige Tatsache nicht zu erkennen, dass der Mensch nicht von Natur aus einzeln umherschweife, sondern vor jeder freien Willensentscheidung zur natürlichen Lebensgemeinschaft geboren sei. Man habe - als Fehlentwicklung - erleben müssen, dass alle Gewalt vom Volk ausgegangen sei und Ursprung und Verfassung der bürgerlichen Gesellschaft nach Willkür ersonnen worden seien. Der Katholik hingegen leite das Recht zu befehlen allein von Gott als seinem natürlichen und notwendigen Ursprung ab. Es sei Gottes Wille, dass in der bürgerlichen Gesellschaft Herrscher seien, die der Menge gebieten. Die Gewalt der Staatenlenker sei gewissermaßen eine Teilhabe an der göttlichen Gewalt. Darum hätten die Bürger den Staatsoberhäuptern untertan und ihren Geboten gegenüber gehorsam zu sein, wie gegenüber Gott. Die Kirche finde deshalb weder die Herrschaft eines Einzigen, noch die von Vielen unangemessen, wenn diese nur gerecht sei und das allgemeine Wohl besorge. Die Enzyklika, von der Lüninck sich früh hat inspirieren lassen, argumentiert auf der Grundlage eines weltordnenden Schöpferwillens, der sich einerseits in der natürlichen Ordnung der Dinge selbst und andererseits in der Offenbarung manifestiert. Allerdings knüpft das in der Enzyklika zum Ausdruck kommende autoritative Staatsverständnis an eine essentielle Akzeptanzvoraussetzung, die als Zustimmungsschranke auch den Bewertungs- und Handlungskodex Lünincks nachhaltig prägen sollte. Die Gehorsamspflicht soll nämlich dort ihre Grenze finden, wo etwas gefordert wird, das dem natürlichen oder göttlichen Gesetz widerspricht. Wenn der Wille des Staatsoberhauptes dem Willen und den Gesetzen Gottes widerspreche, dann sei die Machtbefugnis überschritten und die Autorität verloren. In diesem Kontext, darauf soll bereits an dieser Stelle hingewiesen werden, verhält sich Leo XIII. auch in einer Weise zu den Tugenden des christlichen

Soldaten, die gleichsam prophetisch und wie in einem Brennglas fokussiert für den Katholiken die ganze Problematik und Tragik des 20. Juli 1944, der auch für Lüninck zum Schicksalstag werden sollte, antizipiert. In dieser Passage der Enzyklika heißt es: „ Es war dem christlichen Soldaten eigen, höchste Tapferkeit mit der höchsten Liebe zur militärischen Disziplin zu verbinden und seinen hervorragenden Mut durch unwandelbare Treue zu seinem Fürsten zu krönen. Wurde jedoch ein unehrbares Ansinnen an ihn gestellt, wie zum Beispiel gegen schuldlose Jünger Christi das Schwert zu ziehen, dann weigerte er sich zwar, die Befehle auszuführen, doch so, dass er lieber aus dem Heer austreten und sterben wollte, als durch Aufruhr und Unruhestiftung sich gegen die öffentliche Gewalt aufzulehnen."

Ganz dem Wertekodex des christlichen Soldaten verhaftet und bereit, gegebenenfalls die Konsequenzen aus dem vor Jahresfrist verfassten „Fehdebrief" zu ziehen, bedurfte es Mitte Juni 1938 nur eines Hinweises aus der Kanzlei des Preußischen Ministerpräsidenten, dass ein Personalwechsel im Amt des Oberpräsidenten von Westfalen für angezeigt erachtet werde, um Lüninck am 16. Juni 1938 zu einem Rücktrittsgesuch zu veranlassen, das am 6. Juli 1938 angenommen wurde. Lüninck dürfte froh gewesen sein, die schwere Last der Amtsführung im Konflikt mit einer von ihm zwischenzeitlich als falsch erkannten Politik auf diese Weise abgeben zu können, ohne sein patriotisches Pflichtbewusstsein negieren zu müssen. Er erhielt einen ehrenvollen Abschied, blieb formal, wenngleich inaktiv, Mitglied der NSDAP und zog sich auf sein heimatliches Gut zurück. Dort konnte er sich neben seinen gutsherrlichen Aufgaben auch unpolitischen Aufgaben in der Lokalhistorie widmen. Als überzeugter Katholik und Preuße, der nicht nur, wie nicht anders zu erwarten war, rege am heimatlichen Kirchenleben teilnahm, sondern auch telegrafisch dem im niederländischen Exil weilenden Kaiser Wilhelm II. zu dessen 80. Geburtstag gratulierte, geriet er vermehrt in den Fokus der staatlichen Überwachung. Obgleich er die sukzessive Lösung von den Fesseln des Versailler Diktats und insbesondere die Wiedereinführung der Wehrpflicht und die Wiederaufrüstung begrüßte, betrachtete er die auf einen bewaffneten Konflikt zusteuernde außenpolitische Entwicklung mit Sorge.

Mit der Mobilmachung wurde Lüninck als Hauptmann der Reserve einberufen und fand zunächst vom 26. August bis 23. Dezember 1939 als Kommandeur des Infanterie-ersatzbataillons 473 in Soest Verwendung. Nach einem Reitunfall und anschließender Rekonvaleszenz wurde er am 12. Januar 1940 zum Infanterieregiment 9 nach Potsdam versetzt. In Potsdam amtierte Lüninck als Kommandeur des Ersatz- und Ausbildungs-bataillons 178, das am 1. Dezember 1942 mit dem Ersatzbataillon 9 fusioniert und in Grenadierersatzbataillon 9 umbenannt wurde. Das als Ersatz- und Ausbildungseinheit für das bei Kriegsbeginn aufgestellte Infanterieregiment 178 dienende Ersatzbataillon 178 lag im Wesentlichen in der Jägerkaserne in der Jägerallee 10 - 12 in Potsdam und zu einem geringeren Teil in der ab 1935 neu errichteten „Adolf-Hitler-Kaserne" in der Pappelallee 8 nahe dem Bornstädter Feld. Die militärischen Erfolge gegen Frankreich verfolgte Lüninck, der sich vergeblich um eine Frontverwendung bemüht hatte, mit Begeisterung und Wehmut über seine Rolle als ferner Beobachter. Allerdings blieb er bezüglich der Fortsetzung des Krieges gegen Großbritannien und insbesondere des allgemein erwarteten Abschlusserfolges skeptisch. Seine Versetzung nach Potsdam in das militärische Umfeld des Infanterieregiments 9 und seiner mobilmachungsbedingten Ergänzungs- und Ersatzeinheiten muss als schicksalhafte Wendung und conditio sine qua non[69] auf dem Weg des katholischen Patrioten vom „durch unwandelbare Treue zu seinem Fürsten" beseelten christlichen Soldaten zum nicht nur passiven Oppositionellen, der er bereits war, sondern potentiellen Widerständler gesehen werden. In Potsdam kam der am 1. September 1941 zum Major der Reserve beförderte Bataillonskommandeur zwangsläufig mit den im Infanterieregiment 9 konzentrierten führenden Vertretern des sogenannten militärischen Widerstandes, der allerding maßgeblich von Reserveoffizieren mit akademischer Bildung und administrativer Erfahrung genährt wurde, in Kontakt. Für die militärische und zivile Widerstandsbewegung musste ein Mann wie Lüninck, der nicht nur Aristokrat und Stabsoffizier, sondern auch und primär Jurist mit Verwaltungserfahrung in höchsten Ämtern war sowie beste Kontakte zum Katholizismus besaß, von besonderem Interesse sein. Höchstwahrscheinlich kam die Kontaktaufnahme mit den Widerstandskreisen über den im Mai 1940 nach Potsdam kom-

---

[69] zwingende Voraussetzung

mandierten Oberleutnant Fritz-Dietlof Graf von der Schulenburg, der ebenfalls hohe Verwaltungsämter bekleidet hatte und nach Frontverwendungen im Infanterieregiment 9 sowie einer zeitweisen Tätigkeit im Reichsamt für Agrarpolitik wieder zum Ersatzbataillon nach Potsdam zurückkehrte, zustande. Obgleich der Weg Lünincks in die konspirative Opposition nur rudimentär nachvollzogen werden kann, spricht vieles für erste Kontakte im Frühjahr 1942. Diese Chronologie hat Klausa herausgearbeitet, der sich insoweit im Wesentlichen auf die Bekundungen des von ihm gehörten Zeitzeugen Dietrich von Menges stützt.[70] Der Reserveoffizier Menges befand sich in dem Zeitraum Frühjahr 1942 bis Ende 1942 bei dem Ersatzbataillon 178. Er hat Lüninck retrospektiv als „ruhenden Pol in der Entwicklung zum 20. Juli 1944" bezeichnet und bezeugt, dass Lüninck bereits im Sommer 1942 konkrete Vorbereitungshandlungen zum Umsturz unternommen habe, indem er sich für die Kommandierung zuverlässiger Regimegegner aus den Reihen der Fronteinheiten zu Lehrgängen nach Döberitz eingesetzt habe, um sie in der Nähe der Hauptstadt zu konzentrieren.[71] Maßgeblich dafür, dass sich bei Lüninck der 1938 vollzogene Rückzug vom hoheitlichen Handeln aufgrund der als falsch erkannten Politik schließlich in aktiven Widerstand verwandelte, war, das belegt die fehlende zeitliche Koinzidenz, sicher noch nicht der am 22. Juni 1941 als „Unternehmen Barbarossa" begonnene Feldzug gegen die Sowjetunion. Dieser Feldzug war bei Beginn im Gegensatz zu dem Krieg gegen die Westmächte in vielen Gesellschaftskreisen aus unterschiedlichen Gründen populär. Gerade der Katholizismus bewertete nicht zuletzt gestützt auf das päpstliche Rundschreiben „Über den atheistischen Kommunismus" von 1930 diesen Krieg als gerechtfertigt. Nicht nur gegenüber dem Regime eher moderat und grundsätzlich kooperationsbereit agierende Teile des Episkopats, wie sie der Erzbischof von Paderborn, Lorenz Jaeger, repräsentierte, sahen in dem Krieg gegen die Sowjetunion einen „Abwehrkampf gegen den gottlosen, christusfeindlichen Bolschewismus, von dem der ganzen Menschheit ein grauenhaftes Unglück drohe". Auch die Ikone

---

[70] Klausa, Vom Bündnispartner zum „Hochverräter", S. 563 f. - Klausa hat am 1. April 1993 mit Menges gesprochen und bewertet dessen Angaben als glaubhaft und einer quellenkritischen Prüfung standhaltend.

[71] Klausa, Vom Bündnispartner zum „Hochverräter", S. 563 f.

des katholischen Widerstandes, der Bischof von Münster, Clemens August Graf von Galen, beurteilte den Krieg gegen die Sowjetunion als Abwehr- und Befreiungskampf. [72] Ähnlich wird Lüninck empfunden haben. Der entscheidende Wendepunkt zum aktiven Widerständler dürfte bei ihm durch die Zuspitzung des Kirchenkampfes und die Euthanasieprojekte, über die er durch geheime Mitschriften der Galen-Predigten zeitnah 1941 informiert war, prädisponiert und durch die Berichte von Frontoffizieren des bei dem Feldzug gegen die Sowjetunion im Rahmen der Heeresgruppe Mitte eingesetzten Infanterieregiments 9 über die Realität des Krieges im Osten und insbesondere Verbrechen der hinter der Front agierenden Einsatzgruppen der SS veranlasst worden sein. Diese die Heimatstandorte und Ersatztruppenteile erreichenden Nachrichten mussten einen von christlich-katholischer Ethik geprägten Juristen wie Lüninck zutiefst erschüttern und zum Reflektieren mit Gleichgesinnten animieren. Zuverlässige Informationen von der Ostfront wird Lüninck auch von seinen Söhnen Carl und Roderich erhalten haben, die als Zugführer im Infanterieregiment 9 beziehungsweise Grenadierregiment 9 kämpften und am 17. 1. 1942 vor Moskau und 19 1. 1944 vor Newel fielen. Neben dem nach heutigen Maßstäben als „Netzwerker" zu bezeichnenden Schulenburg, der wie Lüninck ausgebildeter Jurist mit Verwaltungserfahrung als Landrat, Polizeivizepräsident von Berlin und stellvertretender Oberpräsident in Schlesien war und ebenfalls von den Geschehnissen hinter der Front der Heeresgruppe Mitte in der Sowjetunion aufgrund seiner zeitweiligen Frontverwendungen aus eigener Anschauung berichten konnte, gehörten zu Lünincks Gesprächspartnern Friedrich Hielscher, Friedrich Karl Klausing und der Generalbevollmächtigte des Hauses Brandenburg-Preußen, Kurt Freiherr von Plettenberg. Als gesicherte konspirative Treffpunkte dienten Lünincks Privatwohnung in der Großen Weinmeisterstraße 41 in Potsdam in einem Anwesen, das um 1881 für den Landgerichtspräsidenten errichtet worden war, und sein Dienstzimmer in der Adolf-Hitler-Kaserne in der Pappelallee 8. Allerdings kann mit an Sicherheit grenzender Wahrscheinlichkeit davon ausgegangen werden, dass auch die Jägerkaserne in der Jägerallee 10 - 12 in Potsdam von ihm für konspirative Treffen und Reflexionen genutzt wurde. In der Jägerkaserne war der überwiegende Teil sei-

---

[72] Schoppmeyer, Lorenz Jaeger, S.194

ner Einheit kaserniert, weshalb er dort regelmäßig Dienstgeschäfte wahrzunehmen hatte. Dort war Lüninck, anders als in der Adolf-Hitler-Kaserne, die er mit anderen Stäben teilen musste, ranghöchster Militär und ungestörter Hausherr. Seine Präsenz in der Jägerkaserne bei bedeutenderen Dienstgeschäften ist bilddokumentarisch belegt.[73]

Ein altes Magenleiden machte Lüninck Ende 1942 erneut zu schaffen. Im November 1942 erlitt er einen Magendurchbruch und musste operiert werden. Anfang 1943 kehrte er noch einmal zu seinem Ersatzbataillon 178, das Ende 1942 mit dem Ersatzbataillon 9 fusioniert worden war und danach die alleinige Bezeichnung Grenadierersatzbataillon 9 führte, zurück. Allerdings blieb sein Gesundheitszustand weiterhin labil, weshalb er wegen Dienstunfähigkeit in die Führerreserve versetzt wurde. Am 25. Februar 1943 wurde ein Abschiedsabend für Lüninck im Potsdamer Kasino gegeben. Nachdem ihm im April 1943 eine weitere Rekonvaleszenz von mindestens 6 Monaten attestiert worden war, wurde er zum 31. Mai 1943 aus dem Militärdienst entlassen und mit dem Kriegsverdienstkreuz I. Klasse mit Schwertern ausgezeichnet. Auch nachdem er in seine Heimat Ostwig zurückgekehrt war, behielt er seine Dienstwohnung in Potsdam, pflegte Kontakte zu seinen Vertrauten, erhielt über seine frühere Bataillonssekretärin Mady Freiin von Schilling Informationen und reiste, nachdem sein Gesundheitszustand dies zuließ, wiederholt nach Potsdam. Am 13. August 1943 besuchte ihn sein ehemaliger Bataillonsadjutant Helmut von Gottberg in Ostwig, um über Attentatspläne zu beraten. Gottberg, dem eine Beteiligung am 20. Juli 1944 nicht nachgewiesen werden konnte und der den Krieg überlebte, äußerte sich über die Unterredung später dahingehend, dass über die Notwendigkeit der Tötung Hitlers diskutiert worden sei, wobei - aus der Sicht Gottbergs enttäuschend - Lüninck sich unter Berufung auf ethische Bedenken und die Akzeptanz eines rechtsstaatlichen Neubeginns gegen eine Tötung und für die Festnahme und Aberkennung der Regierungsfähigkeit durch ein Ärztegremium ausgesprochen habe. Dies zeigt einerseits die grundsätzlichen Problemstellungen und inneren Konflik-

---

[73] Schobeß, Das Kriegshandwerk der Deutschen, Band II, S. 457 f., Abb. 19, 20

te der Widerständler in einer Zeit, in der noch keine Verfassung mit einem implementierten Widerstandsrecht des Einzelnen bei Angriffen gegen den Verfassungskern, wie es heute in Artikel 20 Absatz 4 des Grundgesetzes der Bundesrepublik Deutschland normiert ist, Rückhalt bot, und andererseits die für Lüninck zentrale Bedeutung der Parameter Rechtsstaatlichkeit und christlich-katholische Ethik. Auch wenn die juristisch-ethische Argumentationsebene Lünincks höchsten Respekt verdient, bleibt gleichwohl ein geringfügig fader Beigeschmack im Hinblick darauf, dass die auf einer faktisch jegliche Grundrechte negierenden, expansiven Gewaltideologie basierenden Rechtsbrüche, die jedoch unter der Annahme der falschen ideologischen Prämissen durchaus schlüssig und konsequent erscheinen, gewissermaßen entpolitisiert und auf eine medizinische Problemstellung kapriziert werden sollten. Seine Blütezeit erlebte dieses - gelegentlich noch heute anzutreffende - relativierende Erklärungsmuster erst in der Nachkriegszeit.

Anfang November 1943 wurde Lüninck durch Vermittlung seiner ehemaligen Bataillonssekretärin von dem sich als Franz Schilling ausgebenden Schulenburg gebeten, nach Potsdam zu kommen. Er folgte diesem Ruf und wurde wahrscheinlich Anfang Dezember 1943 von Carl Friedrich Goerdeler, dem ehemaligen Oberbürgermeister von Leipzig und Kopf einer zivilen Widerstandsgruppe gegen den Nationalsozialismus, die enge Kontakte zum militärischen Widerstand um Ludwig Beck unterhielt, in die Wohnung des Rittmeisters von Schwerin geladen. Lüninck kannte und schätzte Goerdeler, den er als Reichskommissar für Preisüberwachung während seiner eigenen Amtszeit als Oberpräsident in Westfalen kennengelernt hatte. Ulrich Wilhelm Graf Schwerin von Schwanenfeld, ein Vetter Schulenburgs und zu diesem Zeitpunkt bereits persönlicher Mitarbeiter des Widerständlers und ehemaligen Generalstabschefs Ludwig Beck, war ihm hingegen unbekannt. Von den an der Unterredung teilnehmenden Herren kannte er neben Goerdeler nur Schulenburg. Nach Lünincks eigener späterer Bekundung soll Goerdeler im Rahmen dieser Besprechung mitgeteilt haben, dass hohe Wehrmachtskreise unter Führung des Generalobersten a.D. Beck den Sturz der Regierung vorbereiteten, nötigenfalls auch unter Beseitigung der leitenden Personen. Weil die Exekutivgewalt nach dem Umsturz zunächst allein den Militärs vorbehalten sein solle, müsse man diesen politische Beauftragte der Reichsregierung zur Seite stellen. Als ein solcher sei er, Lüninck, für einen Wehrkreis im Osten vorgesehen. Nach anfänglichen Bedenken bezüglich des Einsatzortes wegen der von ihm besorgten Unkenntnis der Mentalität der Menschen im Osten stimmte Lüninck einer Verwendung als Beauftragter der Reichsregierung für den Wehrkreis Danzig-Westpreußen zu. Über den Inhalt des Gesprächs bewahrte Lüninck Stillschweigen. An den weiteren Planungen und der Durchführung des Umsturzversuches am 20. Juli 1944 war er nicht beteiligt. Er war sich aber als Jurist vollkommen bewusst, dass sein Handeln im Falle des Bekanntwerdens nach einem Misslingen des Aufstandes nur als Hochverrat gewertet werden konnte. Auch wenn Einzelheiten insoweit nicht bekannt sind, muss davon ausgegangen werden, dass Lüninck ob der von ihm realisierten und schmerzlich empfundenen Not für sein Vaterland nunmehr - anders als noch im August gegenüber Gottberg - die Tötung führender Vertreter des Regimes zwar nicht wünschte, aber als „notwendiges Übel" zu tolerieren bereit war. Als das Unternehmen „Walküre", der Aufstand am 20. Juli 1944, begann, befand er sich bei seinem Bruder Franz in der Nähe von Salzburg. Bei Bekanntwerden des fehlgeschlagenen Putschversuchs verwarf er aus Sorge um seine Familie die Option einer Flucht in die Schweiz und hoffte - allerdings vergeblich - darauf, unentdeckt zu bleiben. Im Büro Goerdelers hatten die mit Hochdruck ermittelnden Sicherheitsorgane die Liste mit den Namen der Regierungsbeauftragten, auf der auch Lüninck verzeichnet war, gefunden. Als er am Abend des 25. Juli 1944 nach seiner Rückreise den Heimatbahnhof in Bestwig erreichte, wurde er dort verhaftet und nach kurzem Aufenthalt im Gestapogefängnis Dortmund-Hörde nach Berlin verschubt. Vor der Gestapo bekundete Lüninck, dass die Not des Vaterlandes auch Hochverrat rechtfertigen könne. Klausa versteht diese Aussage dahingehend, dass Lüninck mit Not alleine die militärische Not gemeint und nicht auf die Schandtaten des Regimes abgestellt habe.[74] Diese Wertung blendet allerdings aus, dass Lüninck sich schon in seiner Amtszeit als Oberpräsident in Westfalen nicht nur für bedrängte Katholiken, sondern beispielsweise auch für den im Konzentrationslager Sachsenhausen inhaftierten Sozialdemokraten Höller verwandt hatte, und lässt die fundamentale

---

[74] Klausa, Vom Bündnispartner zum „Hochverräter", S. 570

Bedeutung der christlich-katholischen Ethik, von der Lüninck durchdrungen war, für sein Handeln außer Acht. Das rechtlich-ethische Fundament Lünincks ist nicht aufgrund militärischer Not, von der im Sinne einer Besiegelung der militärischen Katastrophe frühestens nach dem Abbruch des Unternehmens „Zitadelle", der mit großem materiellen und personellen Aufwand vorbereiteten Zangenoperation zur Abschnürung der vorgeschobenen sowjetischen Streitkräfte im Raum Kursk, im Sommer 1943 und somit deutlich nach seinem manifestierten Widerstandswillen gesprochen werden kann, erschüttert worden, sondern eben doch durch Schandtaten des Regimes, nämlich den immer brutaler werdenden Kirchenkampf, die Euthanasie und die auch bei den Ersatztruppenteilen durch Berichte von Frontoffizieren bekannt gewordenen Verbrechen hinter der Ostfront. Am 12. August 1944 wurde er wegen „Verrats am Führer" aus der NSDAP ausgestoßen. Ebenso wurde er aus dem Preußischen Staatsrat ausgeschlossen und ging aller Rechte und Versorgungsansprüche aus dem Beamtenverhältnis verlustig. Nach einer Zwischenstation in der Haftanstalt Lehrter Straße wurde er in die Justizvollzugsanstalt Tegel überstellt, in der ihn seine Ehefrau besuchen konnte. Der letzte Besuch erfolgte am 12. November 1944. Die Hauptverhandlung vor dem Volksgerichtshof unter dem Vorsitz des Präsidenten Freisler fand am 13. November 1944 statt. Obgleich Goerdeler nur ausgesagt hatte, er habe Lüninck lediglich über die beabsichtigte Änderung der Befehls- und Regierungsverhältnisse unterrichtet, bekannte Lüninck sich in aufrechter Haltung, die von Anfang an seinen Lebensweg kennzeichnet, zu seinem Handeln und dem von ihm erkannten und gebilligten hochverräterischen Charakter seines Engagements. Nach einstündiger Verhandlung wurde er zum Tode durch den Strang unter Ehrverlust und Einzug des Vermögens verurteilt. Die für die Hauptverhandlung bezeugte Haltung Lünincks ist auch für seine gesamte Haftzeit überliefert. Sein Auftreten war würdevoll, tapfer und von tiefem Gottvertrauen durchdrungen, wobei er stets betonte, sich verpflichtet gefühlt zu haben, seinem deutschen Vaterland in seiner großen Not zu helfen. Am 14. November 1944 wurde das Todesurteil durch Erhängen vollstreckt.

Lüninck war als Angehöriger der national-konservativen Elite kein geborener Widerständler. Er musste vielmehr durch Selbsterkenntnis unter Zurückstellung eigener sozialer und ökonomischer Interessen zum Widerständler gekoren werden. Während etwa Kommunisten, Sozialdemokraten oder andere Feinde des Nationalsozialismus sich zwangsläufig mit Verfolgung konfrontiert sahen und alleine noch zwischen aktivem und passivem Widerstand wählen konnten, war es den national-konservativen Eliten bis zu einem gewissen Grad möglich, im nationalsozialistischen Staat ihren adäquaten Platz in der Gesellschaft einzunehmen oder gar zu reüssieren. Neben persönlichem Mut gegenüber einer autoritären Obrigkeit bedurfte es insbesondere der Fähigkeit, ohne politisches Vorbild und ohne verfassungsrechtliche Garantien, wie sie heute in Artikel 20 Absatz 4 des Grundgesetzes der Bundesrepublik Deutschland implementiert sind, im Namen einer theologisch fundierten Weltordnung, die sich in der natürlichen Ordnung der Dinge und der Offenbarung manifestiert, den Souverän des positiv-staatlichen Rechts als inkriminiert zu denken und zu behandeln. Zwar hatte bereits der Spanier Mariana 1599 für den Fall, dass ein Usurpator oder legitimer Fürst seine Macht zur Unterdrückung des Volkes missbrauchen sollte, den Tyrannenmord verteidigt. Dem hatte jedoch Groot vehement widersprochen, indem er darauf verwies, dass das Volk wohl das Recht habe, seine Herrschaft zu wählen, sich mit der Investitur jedoch des Beseitigungsrechts begebe. Bei Befehlen wider göttliche oder natürliche Gesetze sei allein passiver Widerstand erlaubt. Aktiver Widerstand richte sich gegen den Sinn des Staates.[75]Nachdem Lüninck zum Widerständler „gereift" war, scheint er ein seelisches Gleichgewicht gefunden zu haben, das seine Persönlichkeit nachhaltig geprägt und verändert hat. In dieser Zeit ist er von seiner Umgebung als objektiv, menschliche Autorität, wohlwollend-souveräne Vaterfigur, fest in seinen Auffassungen und Entscheidungen, aber gleichwohl diplomatisch und ausgleichend wahrgenommen worden. [76] Das besondere Verdienst Lünincks ist darin zu sehen, dass er eingedenk der schwierigen Ausgangslage für einen im politischen Katholizismus wurzelnden Konservativen - anders als Papen, der bis zum Ende ein treuer

---

[75] Hirschberger, Geschichte der Philosophie, Band II, S.65 f. m. w. N.

[76] Klausa, Vom Bündnispartner zum „Hochverräter" , S. 564 f. - unter Hinweis auf Äußerungen von Friedrich Hielscher, Marie - Theres Freifrau von Fürstenberg und Mady Freiin von Schilling

Vasall Hitlers blieb und über das Ende des Nationalsozialismus hinaus an der Perspektive eines möglichen Brückenschlages zwischen Kreuz und Hakenkreuz festhielt[77] - noch vor dem unwiderruflichen militärischen Zusammenbruch den verbrecherischen Charakter des Regimes erfasste und bar opportunistischer Erwägungen sowie ohne Rücksicht auf das nationalkonservative Sozialinteresse auch demgemäß handelte. Dabei kann die durch die „Schwere der unehrbaren Ansinnen" veranlasste Überwindung seiner eigenen katholisch fundierten Handlungsmaxime gemäß der insoweit in der Tradition Groots stehenden Enzyklika „Diuturnum illud", die ihm zwar die Verweigerung „unehrbaren Ansinnens" in passiver Form gebot, doch zugleich den Aufruhr gegen die öffentliche Gewalt untersagte, kaum hoch genug bewertet werden. Die Gedenkstätte „Deutscher Widerstand" schreibt über Lüninck: „Er gehört nicht in die 1. Reihe des Widerstandes. Aber er war repräsentativer für das Volk der Verblendeten und Verängstigten, das wir waren. Sein Handeln war ein Exempel für den „schweren Weg" des konservativen Widerstandes: Anfangs mitgemacht, dann klüger geworden und am Ende sein Leben gewagt. – Er starb im Kampf gegen Gewaltherrschaft." In Bestwig-Ostwig und Neuss sind Straßen nach ihm benannt. In Potsdam sollte seiner zumindest an einer der alten Wirkungsstätten im heutigen Justizzentrum würdig gedacht werden.

---

[77] Möckelmann, Franz von Papen, S. 15, 440

VI. KASERNE DER ROTEN ARMEE

Im Mai 1945 besetzte die Rote Armee die Liegenschaft und richtete in der ehemaligen Jägerkaserne eine Postzentrale ein.[78] Es sollte, was damals noch niemand ahnen konnte, ein halbes Jahrhundert dauern, bis die Liegenschaft nach der Wiedervereinigung der aus den alliierten Besatzungszonen in West- und Mitteldeutschland hervorgegangenen deutschen Teilstaaten Bundesrepublik Deutschland und DDR am 3. Oktober 1990 und dem Abzug der letzten Rotarmisten im Jahre 1994 wieder für eine deutsche Nutzung zur Verfügung stand.

Die nach der Besetzung durch die Rote Armee 1945 einsetzenden Umfeldentwicklungen verhießen zunächst für den Standort Jägerallee 10 - 12 nichts Gutes. Südlicher Nachbar der Liegenschaft Jägerallee 10 - 12 wurde das Ministerium für Staatssicherheit der DDR, das sich des 1883 eröffneten und in Sichtweite gelegenen „Justizpalastes" in der Hegelallee 8 bemächtigte und dort eine Bezirksverwaltung mit einem Versorgungszentrum für die Mitarbeiter der Staatssicherheit der DDR des Bezirkes Potsdam einrichtete. Der „Justizpalast" hatte bis 1945 das Landgericht, die Staatsanwaltschaft und in einem 1910 errichteten und mit dem „Justizpalast" architektonisch verbundenen Neubau das Amtsgericht beherbergt. Das Amtsgericht hatte sich zuvor gemeinsam mit der Amtsanwaltschaft unweit entfernt in dem Gebäude Lindenstraße 54 befunden. Nach dem Umzug des Amtsgerichts in den Neubau wurde das alte Amtsgerichtsgebäude zum Zwecke der Zuführung der Gefangenen in den „Justizpalast" zu einem Gefängnis umgebaut. Als in beiden deutschen Diktaturen genutztes Geheimdienstgefängnis sowie Sitz eines für das Auffinden und die Festnahme von „Spionen, Diversanten, Terroristen und anderen aktiven Elementen auf dem von der Roten Armee besetzten Gebiet" zuständigen sowjetischen Militärtribunals in der Zeit zwi-

---

[78] Schobeß, Potsdam und sein Militär im 19. und 20. Jahrhundert, S. 78

schen 1945 und 1952 erlangte dieses Gebäude, in dem sich heute einen Gedenkstätte befindet, traurige Berühmtheit.

War die südliche Nachbarschaft der Liegenschaft Jägerallee 10 - 12 in Potsdam schon beunruhigend, so mussten die nördlichen Anrainer noch mehr Grund zur Sorge geben. In der Nauener Vorstadt zwischen Neuem Garten und Pfingstberg entstand die „verbotene Stadt", das hermetisch abgeriegelte Militärstädtchen Nr. 7. Mit der von dem Diktator Stalin angeführten sowjetischen Delegation für die Potsdamer Konferenz vom 17. Juli bis 2. August 1945 war auch der berüchtigte und für zahllose Massenverbrechen verantwortliche Geheimdienstchef Berija nach Potsdam gekommen, der wahrscheinlich die Requirierung des Areals für die Sowjetische Militäradministration in Deutschland (SMAD) und den dortigen Aufbau einer Geheimdienstzentrale initiierte. Die Bewohner in dem Gebiet zwischen Großer Weinmeisterstraße und Albrechtstraße wurden binnen Stunden vertrieben. Das beräumte Gelände wurde mittels einer etwa zwei Meter hohen Mauer abgeriegelt und durch Wachtürme gesichert. Es wurde eine eigene Infrastruktur geschaffen und die Straßennamen wurden russifiziert. Die Erkenntnisse darüber, was in dem Militärstädtchen Nr. 7 geschah, sind naturgemäß auch heute noch rudimentär. Als gesichert gelten kann aber, dass nach dem Abzug der Oberverwaltungen verschiedener Waffengattungen nach Wünsdorf in der „verbotenen Stadt" Organisationseinheiten der sowjetischen Nachrichtendienste ihren Sitz hatten und Aufgaben der militärischen Aufklärung und Spionageabwehr wahrnahmen. Die militärische Spionageabwehr, unter den Begriffen „Sonderabteilung" und „Tod den Spionen" operierend, bezog Anfang 1947 ihr Hauptquartier im Gebäude des Augusta-Stifts am Neuen Garten. Mehrere Gebäude in der Leistikowstraße und der Großen Weinmeisterstraße wurden als Straflager innerhalb der „verbotenen Stadt" nochmals isoliert und gesichert. Neben dem Hauptgebäude in dem ehemaligen Augusta-Stift, in dessen Kapelle wohl zum Teil die Urteile verkündet wurden, und dem Gebäude Leistikowstraße 2 - 3, in dem die Ermittlungsabteilung domizilierte und Verhöre durchführte, gilt vor allem das Gebäude Leistikowstraße 1, in dem sich heute eine Gedenkstätte befindet, als Manifestationsort der Repression ohne Rechtsgrundlage. Das Gebäude diente ab dem Spätsommer 1945 zu Inhaftierungszwecken, wobei der Charakter der Haftanstalt sukzessive mutierte. Zunächst als Abschiebe- und Todeszellenhaftanstalt für bereits Verurteilte, darunter deutsche Jugendliche, Angehörige der Wlassow-Armee, gesellschaftlich oder politisch aktiv gewordene russische Emigranten und der Spionage beschuldigte Angehörige anderer Staaten, in Betrieb genommen, wurde es ab dem Frühjahr 1947 ein Untersuchungsgefängnis der militärischen Spionageabwehr und ab 1955 primär ein Gefängnis der internen sowjetischen Militärgerichtsbarkeit.[79] Viele Inhaftierte wurden an diesem Ort gequält und von dort in den Tod oder ein russisches Zwangsarbeitslager geschickt. Nach dem NKWD − Befehl Nr. 00315 vom 18. April 1945 waren Ermittlungsakten und Anklageschriften im Sinne der Strafprozessordnung für die Gefangenen nicht existent. Das genaue Ende des Nutzungszeitraumes konnte bislang nicht eruiert werden. Manches spricht dafür, dass die Aufgaben nach 1980 von dem - wesentlich größeren - Militärgefängnis für Soldaten der Roten Armee in der ehemaligen Kaserne der 3. Garde-Ulanen in der Jägerallee 23 übernommen wurden. Dort wurde der Gefängnisbetrieb in einem ehemaligen Pferdestall der Kaserne bis 1994 aufrechterhalten. Zeitweise hatte in dieser Kaserne auch die sowjetische Militärstaatsanwaltschaft ihren Sitz.

Eine besondere historische Tragik liegt darin, dass gerade das Areal des nach 1945 zu einem Ort des Schreckens und der Entrechtung gewordenen Militärstädtchens Nr. 7 während des 2. Weltkrieges der Wohn- und Aufenthaltsort vieler Widerständler gegen die nationalsozialistische Gewaltherrschaft war. Dies gilt auch für den mit der Liegenschaft Jägerallee 10 - 12 in Potsdam in besonderer Weise verbundenen Widerständler Ferdinand Freiherr von Lüninck zu Ostwig, der seinen Wohnsitz in der Großen Weinmeisterstraße 41 hatte. In der Großen Weinmeisterstraße 8 befand sich das Haus der Familie Schilling von Canstatt, in dem neben Fritz-Dietlof von der Schulenburg, Ewald Heinrich von Kleist Schmenzin, Wolf Ulrich von Hassel, Ludwig von Hammerstein und Georg-Sigismund von Haeften auch Lüninck verkehrte und in dem mehrfach konspirative Treffen der Vorbereiter des

---

[79] Fein, Potsdam - Am neuen Garten - Das Gefängnis in der „verbotenen Stadt", S. 33 ff.

Attentats vom 20. Juli 1944 stattfanden.[80] Tochter des Hauses war Mady Freiin von Schilling, die Bataillonssekretärin Lünincks im Ersatz- und Ausbildungsbataillon 178. Bei diesen Treffen bot sich unter dem Vorwand eines besonderen Umtrunkes die Gelegenheit zum Einschluss in den Luftschutzkeller zum Zwecke konspirativer Debatten und Absprachen.[81]

Die geographische Umfassung der Liegenschaft Jägerallee 10 - 12 in Potsdam durch von Geheimdiensten ohne rechtsstaatliche Kontrolle genutzte Orte des Schreckens im Norden und Süden, wobei das nördliche Schreckensareal in Form des Militärgefängnisses der Roten Armee und zeitweiligen Sitzes der Militärstaatsanwaltschaft in der Jägerallee 23 nahezu bis auf Sichtweite angenähert war, lassen auch eine Verstrickung der ehemaligen Jägerkaserne in Geheimdienstaktivitäten besorgen. In diesem räumlichen Kontext lässt die Information über eine von der Roten Armee in der ehemaligen Jägerkaserne eingerichtete und betriebene Poststelle schon fast ein Gefühl der Erleichterung aufkommen. Das Bedürfnis nach einer effizienten postalischen Verbindung mit der Heimat für die im Ausland stationierten und eingesetzten Soldaten ist offenkundig und legitim. Seine Befriedigung war zumindest im Zeitalter vor der flächendeckenden Einführung der Mobilfunk- und Internetkommunikation und damit bis zum Abzug der sowjetischen Streitkräfte aus Deutschland 1994 essentiell für die Zufriedenheit der Truppe. Noch heute kommt dem militärischen Postwesen als Kommunikationsmittel zwischen Soldaten in Einsatz- oder Stationierungsländern und deren Angehörigen wesentliche Bedeutung zu. Seit die deutschen Streitkräfte ab 1992 mit der Beteiligung an Auslandseinsätzen begonnen haben, gilt dies auch für die Bundeswehr. Die Streitkräftebasis der Bundeswehr unterhält heute Feldpostdienststellen im In- und Ausland, über die durchschnittlich 1.300.000 Postsendungen jährlich abgefertigt werden. Der bei oberflächlicher Betrachtung entstehende Eindruck der Erleichterung über das Nutzungsprofil der ehemaligen Jägerkaserne in einem schwierigen Umfeld in der Zeit nach 1945 relativiert sich jedoch sogleich,

---

[80] Fein, Potsdam - Am Neuen Garten - Das Gefängnis in der „verbotenen Stadt", S. 32

[81] Fein, Potsdam - Am Neuen Garten - Das Gefängnis in der „verbotenen Stadt", S. 32

wenn man die ergänzende Erkenntnis über eine Kontrolle beziehungsweise Überwachung der Postzentrale durch den Geheimdienst reflektiert. Auch wenn insoweit Quellen fehlen, muss mit an Sicherheit grenzender Wahrscheinlichkeit davon ausgegangen werden, dass Geheimdienstüberwachung in der Zeit der stalinistischen Gewaltherrschaft und auch der poststalinistischen Parteidiktatur die uneingeschränkte Postzensur ohne Rechtsgrundlagen und Schutzrechte für Betroffene beinhaltete. In der Postzentrale in der ehemaligen Jägerkaserne werden daher auch geheimdienstliche Postzensoren verortet gewesen und tätig geworden sein. Verglichen mit dem durch Geheimdienst- und Militärgefängnisse, Militärtribunale und geheimdienstliche Ermittlungsabteilungen gekennzeichneten geographischen Umfeld wird man diese Postzensur jedoch als deutlich milderen Eingriff in die Rechtsgüter der Betroffenen bewerten dürfen, weshalb die Jägerallee 10 - 12 auch im Hinblick auf die heutige Nutzung als Justizzentrum weniger „vorbelastet" erscheint als das unmittelbare Umfeld. Dabei darf allerdings nicht außer Acht gelassen werden, dass sehr wahrscheinlich in einer unbekannten Zahl von Fällen der scheinbar niederschwellige Eingriff der Postzensur den Anlass für die wesentlich belastenderen Geheimdiensteingriffe im Umfeld geboten haben dürfte und insoweit als conditio sine qua[82] non für spätere Gewaltmaßnahmen angesprochen werden muss.

---

[82] zwingende Voraussetzung

VII. JUSTIZZENTRUM POTSDAM

Der Ausbau der Anlage zu einem Justizzentrum als Domizil für Landesverfassungsgericht, Landgericht Potsdam, Staatsanwaltschaft Potsdam und Teile des Amtsgerichts Potsdam erfolgte mit einem Kostenaufwand von knapp 50 Millionen Euro in über fünfjähriger Bauzeit zwischen 2003 und 2008 unter der Leitung des Brandenburgischen Landesbetriebes für Liegenschaften und Bauten nach Plänen des Architekturbüros Atelier 5 aus Bern und der Landesarchitekten Lützow 7. Damit hatte sich die für das Kasernenprojekt Hampels benötigte Bauzeit verdoppelt. Allerdings beinhalteten die Vorgaben für die Errichtung des Justizzentrums auch eine annähernde Verdoppelung der ursprünglichen Nutzfläche des Kasernenhauptgebäudes und einiger ebenfalls denkmalgeschützter Kleinbauten. Realisiert wurde der Plan des Wettbewerbssiegers Atelier 5 aus Bern. Entsprechend den Vorgaben des Denkmalschutzes ist es mit zurückhaltenden Eingriffen gelungen, den bestehenden Hauptbau als modernes Bürogebäude nutzbar zu machen. Sowohl der desolate bauliche Zustand aufgrund unterlassener Konservierungsmaßnahmen in der Zeit der Nutzung durch die Rote Armee und der sich anschließenden Dekade des Leerstandes als auch das auf eine Vielzahl von Einzelbüroräumen für Justizbedienstete im höheren Dienst sowie Verwaltungsbüros und Geschäftsstelleneinheiten für die zugehörigen Dienste abzielende geänderte Anforderungsprofil bedingten hinter der denkmalgeschützten Fassade eine völlige Entkernung und einen Neuaufbau. Der Grundaufbau und die Statik der Anlage blieben erhalten, wurden jedoch den aktuellen funktionalen Bedürfnissen angepasst. Mittels gangseitig regelmäßiger Öffnungen in der tragenden Wand konnte eine innenliegende Fassade und damit die Voraussetzung für die Realisierung der geforderten Zahl an Einzelbüroräumen geschaffen werden. Zudem wurde der Hauptbau durch einen zusätzlichen dritten Seitenflügel in moderner Gestaltung ergänzt. Der Haupteingang, ehemals als große Toreinfahrt konzipiert und von dem heute sogenannten „Schinkel-Treppenhaus" seitlich begrenzt und überbaut, wurde in den zentralen Risalit gelegt. Nur noch als Durchgang zu dem Innenhof und den Nebengebäuden nutzbar, wurde er ebenso wie das in wesentlichen Teilen restaurierte und aus Sicherheitsgründen im

Erdgeschoß gesperrte „Schinkel-Treppenhaus", das unter Denkmalschutzaspekten als Prunkstück der Anlage angesprochen werden kann, erheblich funktionsreduziert. Zwischen dem alten Mittelflügel und dem neuen Seitenflügel wurde im Hof ein in modernem Glasflächendesign gehaltener Flachbau integriert, um die Gerichtssäle aufzunehmen.

Eine völlige Um- und Neugestaltung haben die Außenanlagen erfahren. Waren sie ehemals Funktionsflächen für Ausbildungszwecke, so tragen sie heute Repräsentationscharakter oder bilden selbständige Landschaftselemente. Der „Vorgarten", ursprünglich eine zu Exerzierzwecken angelegte Kiesfläche, ist heute als eine repräsentative Freianlage im Gründerzeitstil gestaltet. Die Zuwegungen sind in Bernburger Mosaik ausgeführt und betonen durch eingelagerte Setzungen den historischen „Schinkel-Eingang". Der hintere Grundstücksbereich ist als landschaftlich geprägter Park mit großzügigen Wiesenflächen, die als grünes Plateau für die Gebäude dienen, angelegt. Die Innenhöfe haben einen vegetativen Charakter erhalten.

Insgesamt sind für die Justiz gut nutzbare Funktionsgebäude entstanden, die als Arbeitsplatz für mehr als 370 Beschäftigte und zentraler gerichtlicher Verhandlungsort den schlichten, klassizistischen Stil der „Schinkel-Ära" bewahrt haben und dem heutigen Anforderungsprofil gerecht werden.

Dass man die Neuerrichtung nutzen würde, um den ursprünglichen Entwurf, der Loggien mit Säulen in der Gebäudemitte vorsah, zu realisieren oder die ab 1865 erfolgten An- und Umbauten zurückzubauen, um dem ursprünglichen Baugedanken Geltung zu verschaffen, war angesichts limitierter öffentlicher Mittel und eines nochmals gesteigerten Raumbedarfs nicht zu erwarten. Aufgrund des Baustils und der ursprünglichen Zweckbestimmung sind die architektonischen Kunstelemente deutlich geringer ausgeprägt als bei dem unter Beteiligung des damaligen Kronprinzen Friedrich Wilhelm und seines Kreises konzipierten und realisierten Landgerichtsgebäude in der Hegelallee in Potsdam, das am 22. Mai 1883 als „Justizpalast" an den Landgerichtspräsidenten

Sello und den Ersten Staatsanwalt von Stael-Holstein übergeben wurde und heute noch von Teilen des Amtsgerichts Potsdam genutzt wird. Der im Stil der Hochrenaissance ausgeführte „Justizpalast" zeichnete sich durch die Verwendung erlesener Materialien, bildnerischen Schmuck der führenden Vertreter der Berliner Bildhauerschule und eine sorgfältig durchdachte Innenarchitektur bis hin zu Sinnsprüchen für die Sitzungssäle, die beispielsweise lauteten: „Recht ist der Lande Widerhalt. Die Poena setzt nicht der Richter, sondern das Recht. Arbeit und Lohn müssen immer gleichstehen. Recht scheidet, der Vergleich söhnt.", aus. [83] Das heutige Justizzentrum in der Jägerallee 10 - 12 in Potsdam ist hingegen künstlerisch karg ausgestattet, worüber auch gelegentlich im Öffentlichkeitsbereich gezeigte Wechselausstellungen nicht hinwegtäuschen können. Skulpturenschmuck und Sinnsprüche entsprechen nicht mehr dem Zeitgeist. Das einzige Kunstwerk, das an zentraler Stelle im Eingangsbereich des Justizzentrums die Aufmerksamkeit des Besuchers erweckt, ist eine unter der Decke installierte abstrakte Darstellung der Kraniche des Ibykus. Die Thematisierung der Ballade von Friedrich Schiller aus dem Jahr 1797 im Foyer eines Justizzentrums ist nicht ohne Inspiration. Die Ballade handelt davon, dass alleine ein Kranichschwarm Zeuge der Ermordung des Dichters Ibykus wird und einer der Täter durch den Chorgesang während einer Tragödienaufführung und die über das Theater ziehenden Kraniche veranlasst wird, sich und seine Mittäter zu entlarven, damit die irdische Gerechtigkeit ihren Lauf nehmen kann. Allerdings korrespondiert die von Schiller gezeigte Darstellung des Theaters und allgemein der Kunst als „moralische Anstalt" nicht mit der heutigen forensischen Realität. Bar jeder künstlerischen oder moralischen Inspiration degenerieren Auftritte von Angeklagten oder Zeugen im Gerichtssaal nicht selten zu „brotloser Verschleierungskunst" und die Justiz ist gut beraten, nicht vergeblich auf die Selbstentlarvung aufgrund der zwingenden Moral einer Institution zu hoffen, sondern sich auf die eigene Überführungskompetenz auf der Grundlage der Beweiserhebung und Beweiswürdigung zu stützen.

---

[83] Baller / Reinholz, Das alte Potsdam des Prof. Dr. Hans Leopold Kania, Bd. 3, S. 102 ff.

Leider finden sich in dem heutigen Justizzentrum auch keine Erinnerungsstücke mehr, die auf die Vornutzungen der Liegenschaft hinweisen. Dies ist misslich, weil die Liegenschaft eine bemerkenswerte Genese vorzuweisen hat, wobei nicht allein, aber insbesondere das Wirken der Juristen Luck und Lüninck für die heutige Justiz traditionswürdig erscheint. Dass dem so ist, kann nicht nur damit erklärt werden, dass nach dem Ende des 2. Weltkrieges auf dem Territorium der sowjetischen Besatzungszone und insbesondere in Potsdam versucht wurde, sämtliche Erinnerungen an Preußen in einem beispiellosen Bildersturm auszulöschen. Man kann sich des Eindrucks nicht erwehren, dass diese Kulturpolitik selbst nach der deutschen Wiedervereinigung noch oder wieder Fernwirkungen entfaltet. Als im Jahr 2012 die am 4. Juli 1899 von 1478 ehemaligen Schülern der Unteroffizierschule aus Anlass des 75 jährigen Bestehens der Schule gestiftete Gedächtnistafel in Bruchstücken aufgefunden und von dem einstigen Förderverein Militärmuseum Brandenburg-Preußen e.V. restauriert wurde, verhinderten die Verantwortlichen des Justizzentrums Potsdam deren Ausstellung am nachweisbaren Bestimmungsort.[84]

---

[84] Schobeß, Potsdam und sein Militär im 19. und 20. Jahrhundert, S. 101

VIII. ABSCHLUSSBETRACHTUNG

Die Liegenschaft Jägerallee 10 - 12 in Potsdam, der Standort der ersten Fasanerie, des Jägerhofes sowie der ehemaligen Unteroffizierschule und späteren Jägerkaserne, die noch heute den restaurierten „Korpus" für das Justizzentrum bildet, ist auch in einer so geschichtsträchtigen ehemaligen Residenz- und Garnisonstadt wie Potsdam ein besonderer Ort, der die preußisch-deutsche Geschichte wie in einem Brennglas bündelt.

Der bevorzugten Lage am Rande des alten Stadtkerns und am Sammelpunkt fürstlicher Jagdgesellschaften vor ihrem Aufbruch in das Jagdgebiet dürfte geschuldet sein, dass die Liegenschaft frühzeitig öffentlichen Zwecken gewidmet wurde und diesen Charakter bis heute behalten hat.

Am Anfang der Nutzung steht als Ausdruck höfischer Kultur im 17. Jahrhundert die erste Fasanerie in Potsdam, die, den Bedürfnissen des sich wandelnden Zeitgeistes folgend, einem Jägerhof weichen musste. Die Bedeutungsreduktion und Verlagerung der Jagd unter Friedrich dem Großen ließ den Ort, wiederum als Sinnbild der gesellschaftlichen Entwicklung, zu einem Experimentierfeld früher Industrialisierung mittels staatlicher Subventionen werden. Fast zwangsläufiges Korrelat staatlicher Subventionspolitik - daran hat sich bis heute nichts geändert - war das auch auf dieser Liegenschaft beobachtete Aufscheinen von Wirtschaftskriminalität in Form des Subventionsbetruges. Insofern lässt sich zwanglos ein Bogen spannen von dem Wirken des „Seidenbauexperten" Roascia auf der Liegenschaft im Jahre 1765 bis zum Bezug der ehemaligen Jägerkaserne durch die mit einer Schwerpunktabteilung zur Bekämpfung der Wirtschaftskriminalität ausgestattete Staatsanwaltschaft Potsdam im Jahre 2008.

Nach dem fehlgeschlagenen frühen Industrialisierungsversuch auf der Liegenschaft, dem Zusammenbruch des Staates im Kampf gegen Frankreich 1806 und der anschließenden französischen Besatzung musste der schon während der Besatzungszeit ab etwa 1808 eingeleitete Neuaufbau Preußens auf der Grundlage der administrativen und militärischen Reformbewegungen, der nach der vollständigen Befreiung von der Fremdherrschaft ab 1814 seine volle Dynamik entfalten konnte, zwangsläufig auch die wegen ihrer Lage und Größe prädestinierte Liegenschaft in der Jägerallee 10 - 12 als künftigen administrativen oder militärischen Standort in den Blick nehmen. Die Wahl fiel auf eine prima facie militärische Verwendung, wobei allerdings nicht nur eine im Wesentlichen militärische Nutzungslinie bis 1994 begründet, sondern weit mehr als eine nur militärische Einrichtung geschaffen wurde. Die Unteroffizierschule Potsdam, die den Liegenschaftscharakter nachhaltig geprägt hat, war primär eine Schule, die auf hohem Niveau eine fundierte Allgemeinbildung, militärische Fachkompetenz und handwerkliche Fähigkeiten zu vermitteln vermochte. Sie offerierte damit ein Bildungsangebot, das nichtprivilegierten Gesellschaftsschichten neben einer Karriere als Zeitunteroffiziere in der Armee mit optionalem Aufstieg in die Offizierslaufbahn bei besonderer Bewährung auch das Rüstzeug für beruflichen Erfolg in der Zivilgesellschaft bot.

Bei aller Verschiedenheit zwischen einer militärischen Ausbildungseinrichtung in preußischer Zeit und einer bundesrepublikanischen Strafverfolgungsbehörde lohnt es gleichwohl, einzelne Ausbildungs- und Organisationsgrundsätze auf ihre optionale Relevanz für heutige Behördenstrukturen zu beleuchten.

Hier ist zuerst das bei einer Befassung mit der Unteroffizierschule aufscheinende besondere - und sicherlich auch von christlicher Ethik durchdrungene - Maß an Fürsorgepflicht des Dienstherren zu betrachten, wie es etwa in der im Jahre 1899 von 1478 ehemaligen Schülern gestifteten Gedenktafel, die frei von jedem Verdacht ist, karrieristischen oder gar opportunistischen Zwecken zu dienen, sichtbar wird. Zwar ist auch heute noch die Fürsorgepflicht des Dienstherren ein anerkannter Grundsatz, der sich beispielsweise in der Anhörungspflicht, der Beratungspflicht, der Förderungspflicht und der Schadensabwendungspflicht manifestiert. Allerdings wird in der gelebten Praxis die Fürsorgepflicht von dem Drang der administrativen und politischen Entscheidungsträger überlagert, sich möglichst schon vorauseilend für etwaige „Fehlleistungen" der Mitarbeiter, die sich nicht selten auf lediglich medial unerwünschte Leistungen reduzieren, zu exkulpieren. Ein wesentlicher Grund hierfür mag die fehlende Souveränität der politischen Entscheidungsträger und davon abgeleitet auch der administrativen Entscheidungsträger aufgrund ihrer tatsächlichen oder vermeintlichen Medienakzessorietät sein. Die Medien, einst für sich den Status einer vierten Gewalt im Staat reklamierend, haben faktisch längst die Bedeutung der ersten Gewalt im Staat erlangt. Die üblicherweise von den großen Boulevardmedien in Analogie zu Schulzeugnissen regelmäßig erteilten Benotungen für verantwortliche Ressortpolitiker sind gefürchtet und tatsächlich geeignet, Karrieren zu forcieren oder beenden. Wen einmal der Bannstrahl der Medien oder gar des „investigativen Journalismus" trifft, hat keine politische und gesellschaftliche Perspektive mehr. Dies führt dazu, dass wenig souveräne Verantwortungsträger bereit sind, auf Kosten der Mitarbeiter oder nachgeordneter Dienststellen, die eigentlich einen Anspruch auf die Fürsorgepflicht reklamieren können, ihr politisches Überleben zu sichern. Manifestiert sich die vorauseilende Generalexkulpation in Form von Erlassen, Aufträgen und Hausverfügungen, wohl wissend, dass ob der Flut kleinteiliger Einzelfallregelungen Übersicht und Entscheidungsfreude erstickt werden, so schreckt die nacheilende Exkulpation auch nicht vor mit Disziplinar- und sogar Strafanzeigen untersetzten Verantwortungsverlagerungen zurück. In diesem Kontext gehört auch, dass das Eigeninteresse der Vorgesetzten an einer hochwertigen Bearbeitung, insbesondere bei Vorgängen und Verfahren, die mediale und politische Beachtung finden, gegenüber dem Fürsorgegedanken und der daraus abgeleiteten Verpflichtung zu möglichst gleichmäßiger Arbeitsverteilung innerhalb gleichbesoldeter Ämter dominiert. Abhilfe wäre allenfalls durch Entkoppelung der individuellen Fachaufsicht von der Verantwortung für die politischen Rahmenbedingungen zu erwarten. Dies würde jedoch voraussetzen, dass eine medial gesteuerte Öffentlichkeit bereit wäre, die persönlich zu tragende Verantwortung der politisch besetzten Spitzenämter in Ministerien und Hausleitungen neben eigenen Fehlleistungen auf festgestelltes Auswahl- oder Organisationsverschulden zu limitieren. Daran ist allerdings unter den Rahmenbedingungen eines auf immer ungehemmtere Skandalisierung drängenden Zeitgeistes nicht zu denken. Mit leichter Wehmut schweift der Blick daher auf die Unteroffizierschule Potsdam und deren erkennbar nicht von Exkulpationszwängen und karrierege-stützten Egoismen überlagerte Fürsorgegrundsätze.

Die aufgezeigten Strukturen und darauf beruhenden Abhän-gigkeiten können vorgesetzte Entscheidungsträger - bezüglich der Staatsanwaltschaften gestützt auf das anachronistische externe Weisungsrecht der Justizminister und das interne Weisungsrecht - auch dazu verleiten, in die Freiheit der Auftragsdurchführung aus keineswegs nur sachlichen Motiven einzugreifen und damit nicht nur die „Strategie und Taktik" des Bearbeiters zu konterka-rieren, sondern auch dessen Verantwortungsbewusstsein zu un-tergraben. Die durchaus reale Gefahr politischer Einflussnahmen auf die Staatsanwaltschaften hat auch dem Europäischen Ge-richtshof (EuGH) vor Augen gestanden, als er in einer Entschei-dung vom 27. Mai 2019 den deutschen Staatsanwaltschaften das Ausstellen Europäischer Haftbefehle unter Bezugnahme auf die sich in dem externen Weisungsrecht manifestierende fehlende Unabhängigkeit untersagte. Obgleich die für die Beleuchtung der Abhängigkeitsproblematik gewählte Bezugnahme auf den Europä-ischen Haftbefehl konstruiert erscheint, weil der bis zu der Ent-scheidung des EuGH regelmäßig von den Staatsanwaltschaften ausgestellte Europäische Haftbefehl ungeachtet seiner Bezeich-nung als Haftbefehl der Rechtsnatur nach lediglich ein Fahn-dungsersuchen darstellt, dem ein - von einem unabhängigen Richter ausgestellter - nationaler Haftbefehl zugrunde liegen muss,[85]hat die Entscheidung ein deutliches Fanal für einen Struk-turwandel gesetzt. Auch hier kann ein Blick auf die Grundsätze der in der Unteroffizierschule Potsdam für die untere Ebene mit-entwickelten und gelehrten Auftragstaktik als Inspiration für eine Lösung von dem externen Weisungsrecht und eine sinnvolle Li-mitierung des internen Weisungsrechts zielführend sein. Über-tragen auf administrative Strukturen außerhalb des Militärs lau-

---

[85] Hier ist der grundsätzlich bis heute geltende römische Rechtsgrundsatz : „falsa de-monstratio non nocet", der besagt, dass lediglich falsche Bezeichnungen im Rechtssin-ne unschädlich sind, an seine „europäischen" Grenzen gestoßen. Einem im Übrigen inhaltsgleichen Dokument mit der Bezeichnung „Europäisches Festnahmeersuchen der Staatsanwaltschaft" wäre die Anerkennung wohl kaum versagt worden.

tet das Gebot der Auftragstaktik, dass einem optimal ausgebildeten und vorbereiteten Bearbeiter unter grundsätzlicher Achtung
der hierarchischen Strukturen und der für den Dienstbetrieb
notwendigen Disziplin Freiheit bei der Auftragsvorbereitung und
Auftragsdurchführung gewährt werden soll. Damit wird keines-
falls einer Verantwortungslosigkeit oder gar Willkür das Wort
geredet. Vielmehr ist - wie in der militärischen Auftragstaktik -
das notwendige Korrelat der gewährten Vorbereitungs- und
Durchführungsfreiheit die gesteigerte Verantwortung des Han-
delnden, die auch darin zum Ausdruck kommen muss, dass Ge-
setzesverstöße oder Missachtungen der Grenzen anerkannter Be-
urteilungsspielräume konsequent geahndet werden. Innerhalb
dieser Schranken dem Bearbeiter Planungs- und Durchführungsfreiheit zu gewähren, ihn gleichsam aus der „Linearordnung" zu
dispensieren und ihm fakultativ das „Tiraillieren" zu gestatten,
wäre zum beiderseitigen Vorteil des Dienstherren und des Amts-
walters, würde aber die Souveränität eines Scharnhorst oder seines späteren Amtsnachfolgers Waldersee, der für eine Dekade an
der Spitze der Unteroffizierschule in der Jägerallee stand, erfor-
dern und erscheint ob der genannten Medienakzessorietät der
politischen und administrativen Entscheidungsträger unrealis-
tisch.

Nicht zuletzt muss das Augenmerk dem in der Unteroffizierschule Potsdam deutlich sichtbar gewordenen Förderprinzip und
Leistungsgedanken gelten. Durch ein differenziertes System von
Leistungsanreizen, etwa in Form unterschiedlicher Leistungs-
prämien, und die Bereitschaft, dem individuellen Ausbildungs-
und Leistungsstand entsprechend frühzeitig Verantwortungen zu
übertragen, wurde die Leistungsbereitschaft der Schüler geweckt,
forciert und honoriert. Dies setzte das klare Bekenntnis zu einer
Leistungsgesellschaft mit einer Elitenförderung auf allen Ebenen
voraus. Der preußische Staat hatte erkannt, dass in einer schon
zu dieser Zeit zunehmend globalisierten Wirtschaft und Wissen-
schaft nur die Nationen wettbewerbsfähig werden und bleiben
konnten, denen es gelang, das nationale Leistungspotential optimal auszuschöpfen und entsprechende Eliten zu generieren. Die
auch insoweit dem preußischen Grundsatz „suum cuique" folgende differenzierte Leistungsförderung war in hohem Maße effizient
und erfolgreich. Dies zu kritisieren ist allein einem von Inklusion

und Nivellierung auf dem kleinsten gemeinsamen Nenner geprägten Zeitgeist vorbehalten, der Gleichheit nicht als Gewährung von Chancengleichheit, sondern als mit dem Antidiskriminierungsmantel verbrämte Gleichmacherei begreift. Überlegene Bildung und leistungsorientierte taktische Ausbildung auf höchstem Niveau wurden bereits von den Zeitgenossen als wesentliche Faktoren für die preußischen Erfolge wahrgenommen. An der Herausbildung beider Faktoren war die Unteroffizierschule Potsdam nicht unwesentlich beteiligt. Ein häufig zitierter Satz nach dem Sieg Preußens über Österreich im deutschen krieg von 1866 lautete: „Der preußische Schulmeister hat den österreichischen geschlagen." Jenseits einer solchen monokausalen Betrachtungsweise, die meist den Blick für komplexere Zusammenhänge verstellt, mussten aber auch tiefergehende Analysen leistungsoptimierte Bildung und Ausbildung als essentielle Kriterien in Rechnung stellen. Fontane, einer der großen Chronisten des deutschen Krieges von 1866, resümierte, die preußische Überlegenheit sei auf ein „Ensemble", bestehend aus Ehrgefühl, Vaterlandsliebe, überlegener Bildung, überlegener taktischer Ausbildung, überlegener Waffentechnik in Form des Zündnadelgewehrs und überlegener strategischer Gesamtkonzeption und Leitung zurückzuführen gewesen.[86] Ein differenziertes System von Leistungsanreizen könnte auch heute die Leistungsbereitschaft in Justiz und Verwaltung erhöhen. Außerhalb streng formalisierter Erprobungen für Beförderungsämter ist es der Justiz nicht möglich, teils erhebliche Leistungsunterschiede in qualitativer oder quantitativer Hinsicht sowie Bereitschaften, sich in besonderer Weise zu spezialisieren, angemessen zu honorieren.

Nach der 1919 erzwungenen Auflösung der Unteroffizierschule Potsdam aufgrund Artikel 176 des Diktates der Siegermächte des 1. Weltkrieges wurde die Liegenschaft bis zur Okkupation durch die Rote Armee im Mai 1945 maßgeblich durch die Kasernierung des II. Bataillons des Infanterieregiments Nr. 9 der Reichswehr und späteren Infanterieregiments 9 der Wehrmacht sowie seiner Ersatztruppen geprägt. Das Regiment entwickelte sich nicht zuletzt aufgrund des Standortes und der Traditionspflege zu einem

---

[86] Fontane, Der deutsche Krieg von 1866, Band II, S. 356 f.

Hort preußischer Gesinnung und der Verkörperung der sittlichen Ideale des preußischen Staates. Am 24. August 1921 erging durch den Chef der Heeresleitung, Hans von Seeckt, der Traditionserlass für das Reichsheer, der dem Infanterieregiment Nr. 9 die Pflege der Gardetradition der preußisch-deutschen Armee überantwortete. Das Offizierskorps wies einen hohen Anteil von Angehörigen preußischer Adelsgeschlechter auf und viele Offiziere betrachteten es als Ehre, in jenen Kompanien der Reichswehr zu dienen, die in der Tradition preußischer Garderegimenter standen. Es kann daher kaum verwundern, dass in diesem Regiment auch die Keimzelle des militärischen Widerstandes gegen die nationalsozialistische Gewaltherrschaft zu verorten ist.

Schoeps hat insoweit treffend bemerkt, das Datum, an dem das alte Preußen zum letzten Male sichtbar geworden sei, sei der 20. Juli 1944. Dies sei ein letzter Ausklang der sittlichen Idee des Staates gewesen. Die Männer der Widerstandsbewegung gegen den Nationalsozialismus, die sich des Glockenspielmotivs der Potsdamer Garnisonkirche halber erhoben hätten, seien die Blutzeugen des wirklichen Preußentums geworden.[87] Wer bereit ist, in dem Glockenspielmotiv der Potsdamer Garnisonkirche, das in der historischen Nachbildung auf der Plantage in Potsdam erneut seit 1991 halbstündlich

„Üb´ immer Treu´ und Redlichkeit

Bis an dein kühles Grab,

Und weiche keinen Finger breit

Von Gottes Wegen ab."

erklingen ließ, den dichterisch komprimierten Ausdruck eines Staatsethos zu erkennen, das für Rechtschaffenheit, Pflichttreue, Wirtschaftlichkeit, Anspruchslosigkeit und aufgeklärte Verwaltung steht und Grundlage des Handelns eines Grafen Yorck von Wartenburg, der die Konvention von Tauroggen unterzeichnete, wie eines Grafen von Stauffenberg war, der wird die ganze Tragik des zeitgenössischen Werteverfalls ermessen können, der seinen

---

[87] Schoeps, Preußen, S. 265

symbolischen Ausdruck in der Abschaltung des Glockenspiels im September 2019 gefunden hat. Dass zur Begründung der Abschaltung auf mutmaßlich aus der Sicht der aktuell regierenden Stadtnomenklatura traditionsunwürdige Widmungen auf den Glocken rekurriert wurde, die allerdings mehr als 25 Jahre nicht problematisiert worden waren, offenbart die willkürliche Bemühung eines inkonnexen Argumentationsmusters für den gewollten Traditionsbruch, das in seiner gedanklichen Unschärfe mit dem Handeln des Freundes klassischer Musik konkurriert, der 25 Jahre täglich einen geschenkten Tonträger mit Bachkantaten rezipiert, bis er zu erkennen glaubt, dass die Widmung auf der Hülle des Tonträgers nicht mehr den aktuell vorherrschenden Zeitgeist abbilden könnte, und nicht etwa die Hülle, sondern den Tonträger entsorgt.

Mit der Vorbereitung und Realisierung des 20. Juli 1944 wurde auch die Jägerkaserne in Potsdam zu einem traditionswürdigen Ort des Widerstandes gegen Gewaltherrschaft. Kommandeur des in Teilen in der Jägerkaserne stationierten Ersatz- und Ausbildungsbataillons 178, das am 1. Dezember 1942 in Grenadierersatzbataillon 9 umbenannt wurde, und „Hausherr" der Jägerkaserne war vom 12. Januar 1940 bis zum 25. Februar 1943 der Widerstandskämpfer Ferdinand Freiherr von Lüninck zu Ostwig, der am 14. November 1944 im Kampf gegen Gewaltherrschaft starb. Am Tag des Attentats auf Adolf Hitler, am 20. Juli 1944, sollen zur Unterstützung der Widerständler in Potsdam auch zwei Kompanien und eine Geschützkompanie des ehemals von Lüninck befehligten Grenadierersatzbataillons 9 bereitgestanden haben[88]und es ist in hohem Maße wahrscheinlich, dass diese Bereitstellung auch Soldaten der Jägerkaserne umfasste. Der heute auf der Liegenschaft domizilierenden Justiz sollte dieser Geist des Widerstandes gegen Gewaltherrschaft der ehrenden Erinnerung wert und zugleich mahnende wie anspornende Inspiration sein.

Es versteht sich von selbst, dass die Epoche der Nutzung der Jägerkaserne als durch den Geheimdienst überwachte Poststelle

---

[88] Schobeß, Das Kriegshandwerk der Deutschen, Band II, S. 386

der Roten Armee zwischen 1945 und 1994 im Dienste einer erneuten Gewaltherrschaft auf deutschem Boden nicht sinnstiftend oder traditionsbegründend wirken kann. Gleichwohl bleibt zu konstatieren, dass die Jägerkaserne bei tentativer Betrachtung deutlich geringer „vorbelastet" gesehen werden muss als das unmittelbare geographische Umfeld.

Seit 2008 domiziliert nunmehr die Justiz auf der Liegenschaft und widmet sich in der zu einem Justizzentrum ausgebauten historischen Anlage der Rechtssicherheit und dem Rechtsfrieden im Landgerichtsbezirk Potsdam sowie der Einhaltung der Landesverfassung. Die mit diesem Funktionswechsel verbundenen Aufgaben stehen in ihrer Bedeutung den vorangegangenen Zweckbestimmungen der Liegenschaft in nichts nach. Es erscheint durchaus nicht vermessen, in der aktuellen Aufgabenstellung die bislang größte Herausforderung für die Liegenschaft zu sehen. Ob die Justiz am Standort dieser Herausforderung dauerhaft gerecht zu werden vermag, ist von mehreren Imponderabilien abhängig, auf die sie selbst keinen unmittelbaren Einfluss hat, und wird erst die Zukunft zeigen. Um die Bedeutung der Aufgabe zu definieren, soll hier, dem historischen Ansatz folgend, kein Jurist, sondern einer der bedeutendsten deutschsprachigen Historiker zu Wort kommen. Der im 19. Jahrhundert an der Universität Basel lehrende Jacob Burckhardt dozierte in seinen Vorlesungen über die „drei Potenzen", nämlich Staat, Religion und Kultur, bezüglich der Aufgaben des Staates wie folgt: „Die Wohltat des Staates besteht darin, dass er der Hort des Rechtes ist. Die einzelnen Individuen haben über sich Gesetze und mit Zwangsrecht ausgerüstete Richter, welche sowohl die zwischen Individuen eingegangenen Privatverpflichtungen als auch die allgemeinen Notwendigkeiten schützen, - weit weniger durch die wirklich ausgeübte Gewalt als durch die heilsame Furcht vor ihr. Die Sekurität, deren das Leben bedarf, besteht in der Zuversicht, dass dies auch in Zukunft geschehen möge, d.h. dass man nie mehr nötig haben werde, innerhalb des Staates, so lange derselbe überhaupt besteht, gegen einander zu den Waffen zu greifen. Jeder weiß, dass er mit Gewalt weder Habe noch Macht vermehren, sondern nur seinen Untergang beschleunigen wird."[89] Mit diesem Staatsverständnis, das

---

[89] Burckhardt, Weltgeschichtliche Betrachtungen, S. 45

die Sekurität als zentralen Staatszweck begreift, steht Burckhardt in der Nachfolge Kants, der ganz im Sinne des Liberalismus und in Abgrenzung zu der antiken Staatsvorstellung als Großorganisation der sittlichen Erziehung der Bürger und dem mittelalterlichen Staatsverständnis als Gottesstaat den Staat auf die Vereinigung von Menschen unter Rechtsgesetzen reduziert hat.[90] Auch das heutige Staatsverständnis folgt weitgehend diesem Ansatz und definiert den Staat als eine Gemeinschaft, die ihr Zusammenleben rechtsverbindlich mit oberster („souveräner") Regelungs- und Durchsetzungsmacht regelt.[91] Hier soll außer Acht bleiben, ob wir, auf die souveräne Regelungskomponente rekurrierend, die Bundesrepublik Deutschland überhaupt noch als staatliche Gemeinschaft ansprechen können. Dies könnte im Hinblick darauf, dass die Fortentwicklung des Rechts heute in erheblichen Teilen von der Europäischen Union vorgegeben wird und der nationale Gesetzgeber gehalten ist, diese Vorgaben in nationales Recht zu gießen, durchaus zweifelhaft sein. Die Gefahren für die Justiz - auch auf der Liegenschaft in der Jägerallee - sind in der heutigen Zeit vor allem in einer Störung des fragilen Gleichgewichts zwischen einer zunehmend dynamisierten gesellschaftlichen Transformation und der Rechtsordnung, die Kontinuität, Orientierungssicherheit und Stabilität für das Sozialgefüge gewährleisten soll, begründet. Voraussetzung für die Akzeptanz und die darauf beruhende Reputation der Justiz ist eine im Wesentlichen vorhandene Kongruenz zwischen dem auf sittlicher Grundlage basierenden Rechtsbewusstsein einerseits und der Rechtsordnung in ihrer abstrakten Normierung und konkreten Rechtsanwendung andererseits. Das abstrakte und konkrete Recht muss für den wesentlichen Teil der Rechtsgemeinschaft konsensfähig sein. Hier zeigen sich jedoch gefährliche Brüche. Die Rechtsordnung beruht trotz aller evolutionären Fortentwicklung zu einem großen Teil noch auf Werten, die nicht mehr allgemein akzeptiert sind. „Preußische Tugenden" wie Aufrichtigkeit, Bescheidenheit, Ehrlichkeit, Fleiß, Geradlinigkeit, Gerechtigkeitssinn, Gewissenhaftigkeit, Ordnungssinn, Pflichtbewusstsein, Pünktlichkeit, Redlichkeit, Sauberkeit, Sparsamkeit, Toleranz, Unbestechlichkeit, Zurückhaltung, Zielstrebigkeit und Zuverlässigkeit sind einerseits

---

[90] Hirschberger, Geschichte der Philosophie, Band II, S, 352 f.

[91] Zippelius, Rechtsphilosophie, S. 192

im Kern noch ethische Fundamente der Rechtsordnung, andererseits jedoch seit der Kulturrevolution von 1968 in Frage gestellt und seit die Träger der Kulturrevolution in staatliche und gesellschaftliche Funktionsämter eingerückt sind diskreditiert. Dieser partielle Werteverlust hat den Weg bereitet für ein mit der tradierten Rechtsordnung inkompatibles, geändertes Staatsverständnis, das den Staat nicht mehr primär als Hort des Rechts zur Gewährleistung der Sekurität begreift, sondern als Füllhorn zur pekuniären Befriedigung von Bedürfnissen im Rahmen der hedonistischen Selbstverwirklichung. Damit korrespondiert die zwischen dem Individuum und dem Staat eingetretene Entfremdung. Die Frage, was der Einzelne für den Staat tun könne, ist perdu, die Frage, was der Staat für den Einzelnen tun könne oder vielmehr müsse, hingegen en vogue. Finalisiert wurde diese Entwicklung mit der Aussetzung und faktischen Abschaffung der allgemeinen Wehrpflicht, wodurch der letzte Rest einer Gemeinwohledukation beseitigt worden ist. Zwangsläufige Folge dieses Staatsverständnisses ist auch, dass die kodifizierten Entscheidungsfindungsprozesse der repräsentativen Demokratie zunehmend in Frage gestellt und Entwicklungstendenzen zu einer „geregelten Anarchie" erkennbar werden. Ordnungsgemäß zu Stande gekommene Entscheidungen repräsentativer Organe bedeuten keineswegs mehr legitimierte Sicherheit, wenn selbsternannte illegitime Interessenvertretungen durch Protestkundgebungen mit Hilfe gelenkter medialer Aufmerksamkeit „runde Tische" erzwingen und Entscheidungen revidieren können. Werden ordnungsgemäß zu Stande gekommene legislative und exekutive Entscheidungen in Frage gestellt, so ist auch der Schritt nicht mehr weit, die Entschließungen der Judikative in Frage zu stellen. Diesbezügliche Ansätze sind erkennbar. Respektlosigkeiten und das offene Negieren der Rechtsordnung sind zunehmende forensische Realität. Damit geht einher, dass die den öffentlichen Diskurs beherrschenden Medien sich gegenüber der Justiz immer öfter ein „Superrevisionsrecht" anmaßen, wobei nicht selten auf der Grundlage eines nicht konturierten und daher beliebig interpretierbaren „Humanismus", der über der positiven Rechtsordnung stehen müsse, argumentiert wird. Diese Inanspruchnahme eines „Humanismus" als Freibrief für eine subsumtionslose Deutungshoheit stellt - soweit man ihr eine dogmatische Grundlage zubilligen will - nichts anderes dar, als die Reanimation und Metamorphose der reinen Naturrechtslehre, die in der Natur überpositive Gerechtigkeitsprinzipien finden will, was allerdings metaphysisch voraussetzt, dass sich in der Wirklichkeit eine sinnvolle, „vernünftige" Weltordnung offenbart. Dagegen muss - wie bereits Kant gezeigt hat - eingewendet werden, dass aus einem Sein nicht auf ein Sollen geschlossen werden kann. Aus faktischen Vorgegebenheiten könne man nicht die Kriterien für die moralische Richtigkeit einer Regelung gewinnen. Aus einem bloßen Faktum könne keine Begründung für eine ethische Billigung oder Missbilligung abgeleitet werden.[92]

Zu diesem Reputations- und Akzeptanzverlust der positiven Rechtsordnung und ihrer forensischen Anwendung haben die politischen und gesellschaftlichen Funktionsträger nicht unwesentlich beigetragen. Schon zu einem frühen Zeitpunkt hatte sich - im Wesentlichen unwidersprochen - eine Gesellschaftsauffassung gebildet, die fiskaldeliktisches Handeln zum Nachteil des Staates zwar nicht exkulpiert, aber als verzeihlich, wenn nicht gar „clever" bewertet und jedenfalls nicht mit einem gesellschaftlichen Ansehensverlust konnotiert. Nur vor diesem Hintergrund wird verständlich, dass verurteilte Fiskalstraftäter anscheinend mühelos nach der Strafvollstreckung wieder in ihre alten Funktionsstellungen oder adäquate Positionen einrücken können. Eine im gesellschaftlichen Bewusstsein nachhaltige Schädigung der Reputation der Rechtsordnung trat nach der deutschen Wiedervereinigung ein, als der Repräsentant einer im Wesentlichen durchaus erfolgreichen Politik, der einstmals unter dem Postulat einer „geistig-moralischen Wende" angetreten war, sich nicht genierte, das persönlich gegebene Ehrenwort und damit seine Individualinteressen über die von der Rechtsordnung gebotene Pflicht zur Aussage zu stellen. Dies musste den fatalen Eindruck erwecken, das Gesetz könne - jedenfalls von den Mächtigen - nach Belieben in Anspruch genommen oder dispensiert werden und rangiere hinter einer nicht kodifizierten Moral. Wie weit die Erosion des Rechtsbewusstseins bereits fortgeschritten ist, hat in jüngerer Zeit die Manipulation der Software für die Schadstoffmessung durch namhafte deutsche Automobilkonzerne offenbart. Hier zeigt sich eine ohne die Billigung der wesentlichen Ent-

---

[92] Zippelius, Rechtsphilosophie, S. 96

scheidungsträger nicht denkbare Verstrickung ganzer Schlüsselindustrien einschließlich der Zulieferer in die planmäßige Täuschung sowohl der Konzessionsgeber als auch der Konsumenten. Zu Zeiten der Geltung einer hansischen oder preußischen Kaufmannsehre wären ähnlich strukturiert und breit angelegte inkriminierte Verhaltensmuster innerhalb der gesellschaftlichen Eliten undenkbar gewesen.

Ist dieser latente Konflikt zwischen Rechtsordnung und Rechtsbewusstsein bereits das Ergebnis einer längeren binnengesellschaftlichen Entwicklung, so hat die Problematik deutlich an Schärfe gewonnen durch Zuwanderungen aus dem südosteuropäischen Raum und die seit 2015 unter Missachtung von Artikel 16 a des Grundgesetzes sowie des Dubliner Übereinkommens tolerierten Einwanderungen aus dem afrikanisch-arabischen Raum. Der Staatsrechtler und ehemalige Verteidigungsminister Scholz hat überzeugend aufgezeigt, dass seit 2015 im Wesentlichen unkontrolliert Migranten mittelbar nach Deutschland gelangen oder umverteilt werden, die, sofern überhaupt reale Asylgründe bestehen, was nur auf einen kleinen Teil zutreffen dürfte, contra legem aus anderen EU-Ländern oder sicheren Drittstaaten einreisen. Während es zu den selbstverständlichen Aufgaben der Verfassungsgerichte gehört, bei berechtigter Anrufung auch die Kompatibilität von legislativem und exekutivem Handeln mit den Vorgaben der Verfassung zu prüfen, scheinen die Verfassungsschutzämter, denen gemäß § 3 des Bundesverfassungsschutzgesetzes die Sammlung und Auswertung von Informationen über Bestrebungen gegen die freiheitlich demokratische Grundordnung und gegen die Sicherheit des Bundes und der Länder obliegt, die Möglichkeit, dass auch das Handeln der Exekutive verfassungswidrig und destabilisierend sein kann, auszublenden. Der Rahmen dieser Abhandlung kann keinen Raum bieten, die vielfältigen Facetten des Asylrechts zu beleuchten. Erstaunlich ist jedoch, dass in dem medial beherrschten gesellschaftlichen Diskurs gewisse asylrechtliche Grundsätze weitgehend negiert werden. Hier gilt es zu vergegenwärtigen, dass nur der politisch verfolgt ist, der aufgrund seiner politischen Überzeugung, religiösen Grundentscheidung oder der für ihn unverfügbaren Merkmale durch gezielte Rechtsverletzungen aus der staatlichen Rechtseinheit ausgegrenzt wird. In Fällen des Bürgerkrieges oder Guerilla-

Bürgerkrieges fehlt es in der Regel an der Möglichkeit politischer Verfolgung, wenn der Staat ohne wirksame hoheitliche Überlegenheit faktisch nur die Rolle einer militärisch kämpfenden Bürgerkriegspartei einnimmt, sofern die staatlichen Kräfte nicht die physische Vernichtung oder Identitätszerstörung derjenigen, die nicht mehr Widerstand leisten wollen oder können, anstrebt. Im Übrigen setzt politische Verfolgung voraus, dass der Verfolgte landesweit in eine ausweglose Lage versetzt wird, so dass eine inländische Fluchtalternative nicht besteht. [93] Die konsequente Beachtung der rechtlichen Vorgaben bei den Einreisevoraussetzungen und den Asylgründen wäre geboten, um dem wichtigen, grundgesetzlich geschützten Asylrecht wieder eine allgemeine gesellschaftliche Akzeptanz zu verschaffen. In der Öffentlichkeit wird jedoch, meist wieder auf einen über der Rechtsordnung stehenden und beliebig interpretierbaren „Humanismus" rekurrierend, suggeriert, der Aufenthalt in einer nicht näher konturierten „Krisenregion" berechtige zur „Flucht" und diese wiederum indiziere ein Recht auf Asyl. Dabei ist den auch ohne echte Asylgründe von einer gesellschaftspolitisch omnipräsenten „Willkommenskultur" angelockten Migranten, wenn sie - wie wesentliche Teile der Vormigrationsgesellschaft auch - an dem staatlichen Füllhorn zur pekuniären Befriedigung ihrer Bedürfnisse im Rahmen der hedonistischen Selbstverwirklichung partizipieren wollen, allein deshalb kein Vorwurf zu machen. Das durchaus heterogene Erscheinungsbild der Migranten, denen möglicherweise ein rudimentär freiheitlich-demokratisches Rechtsbewusstsein einfach nur fehlt, die teilweise aber auch, sei es islamistisch motiviert oder nicht, die Rechtsordnung offen ablehnen und durch ihr phänotypisch forderndes, die gewachsene Kultur missachtendes Auftreten die Integrationsunwilligkeit manifestieren und damit auch etwa behauptete Asylgründe - soweit es solcher bedarf - konterkarieren, bereitet der unvorbereiteten Justiz erhebliche Probleme. Sie wird neben partiell obsessiver Individualkriminalität mit inkriminierten „Clanstrukturen" innerhalb von Parallelgesellschaften konfrontiert, die teilweise aus dem Ausland gesteuert werden, die Organe des Rechtsstaates negieren und kaum Ermittlungsansätze bieten. Die öffentliche Sicherheit ist in den

---

[93] BVerfGE 80, 315, veröffentlicht auch bei Schwabe (Hrsg), Entscheidungen des Bundesverfassungsgerichts, S. 329 f.

städtischen Zentren an öffentlichen Plätzen, aber auch auf Bahnhöfen oder in Freibädern stark eingeschränkt. Eine öffentliche Ordnung wird faktisch weder gelebt noch eingefordert.

Ein weiterer Grund für das Spannungsverhältnis zwischen der Rechtsordnung und dem Rechtsbewusstsein ist die vertikale Rechtsordnungsinkongruenz. Exemplarisch sei hier das Wirtschaftsstrafrecht genannt. Das Insolvenzverschleppungen bei Gesellschaften mit eigener Rechtspersönlichkeit und Buchführungspflichtverstöße pönalisierende nationale Recht korrespondiert noch eng mit den hansischen und preußischen Kaufmannstugenden Ehrlichkeit, Gewissenhaftigkeit, Redlichkeit und Sparsamkeit. Die Missachtung dieser Grundsätze auf der Ebene der nationalen oder europäischen Exekutive ist indes nicht mehr inkriminiert. Ein Staatsinsolvenzstrafrecht existiert nicht. Wie soll die Justiz denjenigen, der die Insolvenzanmeldung verspätet vorgenommen oder gebotene Bilanzierungen unterlassen hat, spezialpräventiv erreichen und dessen Rechtsbewusstsein schärfen, wenn Verantwortliche europäischer Gemeinschaftsstaaten Haushalte und Bilanzen manipulieren, um das Erreichen der Währungsverbundvorgaben vorzutäuschen, und dafür nicht nur nicht zur Rechenschaft gezogen, sondern mit Transferleistungen aus europäischen „Rettungsschirmen" honoriert werden.

Geschehen erhebliche Straftaten, die die öffentliche Meinung tangieren und ein mediales Echo finden, so erlebt man regelmäßig die meist mit einem Tatorttourismus verbundene, reflexartige Forderung der Politiker nach der „vollen Härte des Gesetzes". Dieser kategorische Imperativ, den die Repräsentanten der 1. und 2. Gewalt an die Repräsentanten der 3. Gewalt richten, ist eine nihilistische Phrase, mit der der Anschein politischer Handlungsstärke und aktiven Eintretens für die öffentliche Sicherheit erweckt werden soll. Dessen bedarf es jedoch nicht, weil schon seit römischer Zeit der bekannte Rechtsgrundsatz „iura novit curia" gilt. Das Gericht und auch die ermittelnde Staatsanwaltschaft kennen das Recht und wissen es anzuwenden. Im Übrigen existiert die vielbeschworene „Härte des Gesetzes" in der bewusst konstruierten Konnotation nicht. Die jeweils verwirklichte Deliktsart eröffnet einen gesetzlichen Strafrahmen als Grundlage der Strafzumessung, die sodann gemäß § 46 Strafgesetzbuch nach der individuellen Schuld unter Berücksichtigung be- und entlastender Umstände zu erfolgen hat. Ist die Forderung nach der „ganzen Härte des Gesetzes" somit in der Sache zwar bedeutungslos, so untergräbt sie doch die Reputation der Justiz in der Öffentlichkeit in mehrfacher Hinsicht. Sie insinuiert nämlich Lethargie und Beurteilungsgutdünken der Justiz, weshalb die Justiz der ständigen Einflussnahme durch Externe bedürfe, aber auch zugänglich sei.

Wer nun glaubt, der Ruf nach einer „starken Justiz" und der „Härte des Gesetzes" müsse dazu führen, dass prozessuale Reformen die Ermittlungsführung der Staatsanwaltschaft und die Verhandlung des Gerichts vereinfachen und verfahrensökonomisch optimieren, der irrt. Dem euphemistischen Topos des Zeitgeistes folgend werden Gesetzesänderungen regelmäßig als Reform zur Stärkung bestimmter Rechte deklariert. Die Rechte, die es zu stärken gilt, sind allerdings primär nicht die Rechte der Justizorgane, sondern die Rechte der Beschuldigten, die Rechte der Verteidigung, die Rechte der Opfer und die Rechte der Medien. Das Recht in seiner Gesamtheit ist aber keine beliebig durch „Stärkungen" vermehrbare Menge, weil nämlich jede neue Rechtsgewährung andere, bestehende Rechte tangiert, sondern vielmehr eine Endlichkeit, in deren vorgegebenem Rahmen Gewichtungen vorzunehmen sind. Das Bild der Waage in den Händen der Justitia steht nicht nur für die abgewogene Rechtsfindung, sondern auch für die austarierte Rechtsordnung selbst. Wer einerseits bestimmte Rechte stärkt, verbrämt, dass dadurch andere Rechte - in der Regel zu Lasten der Justiz - verkürzt werden.

Gegenüber diesen strukturellen Problemen oder, um es in der Terminologie der Unteroffizierschule Potsdam auszudrücken, „strategischen" Problemen, mit denen die Justiz zu kämpfen hat, erscheinen die „taktischen" Probleme eher marginal. Die Justiz ist mit personell und materiell zu geringen Ressourcen ausgestattet. Dies ist auf die, verglichen mit der Anwaltslobby, geringe Justizlobby und die strukturelle Schwäche der Justizressorts in den Kabinetten zurückzuführen. Mit Justizpolitik werden keine Wahlen gewonnen. Eine im Wesentlichen geräuschlos und effizient arbeitende Justiz wird nicht als Leistung, sondern als Selbstverständlichkeit wahrgenommen. Das Sicherheitsgefühl der Allgemeinheit wird durch eine Stärkung der Polizeipräsenz in der Öffentlichkeit, die in der Verantwortung der Innenressorts liegt, beeinflusst, nicht jedoch durch eine Optimierung der Arbeit in den Ermittlungsbehörden und Gerichtssälen. Auch als Wählerschaft ist die Gruppe der Justizangehörigen im Vergleich mit anderen gesellschaftlichen Gruppen eher eine quantite´ negligeable. Die in Relation zu Bedeutung, Komplexität und Umfang der Aufgabe auch im internationalen Maßstab eher kärgliche Besoldung der Richter und Staatsanwälte in Deutschland hat Tradition. Der bekannte französische Ausspruch „travailler pour le roi de Prusse" stand schon zur Zeit des Soldatenkönigs für die Überzeugung, dass das Beamten- und Offizierskorps in Preußen nicht um des Geldes willen, sondern um der Ehre willen arbeite. Allerdings hat sich nur die Zurückhaltung bei der Entlohnung tradiert, während die Ehre in Korrespondenz mit dem Reputationsverlust des Staates verloren gegangen ist. Dies ist jedoch kein Alleinstellungsmerkmal der Justiz, sondern eine Erfahrung, die sie mit anderen im weitesten Sinne für die Sicherheit zuständigen staatlichen Organen, insbesondere der Polizei und der Bundeswehr, teilt.

Auch wenn die „strategischen und taktischen" Herausforderungen an die Justiz gewaltig, vielleicht sogar übermächtig erscheinen, so muss die Standortwahl für das Justizzentrum Potsdam als gelungen bezeichnet werden. Dies ist durchaus nicht selbstverständlich. Wie leicht ein bei oberflächlicher Betrachtung ähnlich attraktiver Standort zu einer schwer zu bewältigenden Hypothek für die Justiz hätte werden können, zeigt die in unmittelbarer Nähe in der Jägerallee gelegene Kaserne des 3. Garde-Ulanen-Regiments, die unter sowjetischer Herrschaft der Militärstaatsanwaltschaft als Unterkunft diente und ein gefürchtetes Militärgefängnis beherbergte. Ob dies bei der Standortwahl reflektiert wurde, ist nicht bekannt. Jedenfalls kann den Verantwortlichen insoweit Fortune bescheinigt werden. Die Liegenschaft Jägerallee 10 - 12 in Potsdam steht, das mag als Quintessenz der Standortgenese gelten, nach anfänglicher Widmung zum „plaisir" im positiven Sinne für Bildung und Ausbildung auf hohem Niveau, Auftragstaktik, die einem optimal ausgebildeten und vorbereiteten Bearbeiter Freiheit bei der Auftragsvorbereitung und Auftragsdurchführung gewährt, Widerstand gegen Gewaltherrschaft und auch Innovationskraft. Sowohl 1740 als auch 1919 war die Liegenschaft Ausgangspunkt für wegweisende Neuerungen, nämlich 1740 für die Aufstellung des Feldjägerkorps zu Pferde und des Garde-Jäger-Bataillons als Keimzelle des militärischen Aufklärungs- und Nachrichtenwesens in Preußen und 1919 für die Gründung der Höheren Polizeischule als Lehranstalt für Polizeioffiziere auf wissenschaftlicher Grundlage mir Praxisbezug. Obgleich die aus diesen Innovationen hervorgegangenen Institutionen nicht dauerhaft an den Standort gebunden werden konnten,[94]gehört die Innovationskraft doch zum Erbe der Liegenschaft. Innovationsfähigkeit und ein gesundes Maß an Widerstandskraft gegenüber Versuchen politischer und medialer Einflussnahme sind Kompetenzen, die der heute am Standort tätigen Justiz bei ihren Herausforderungen im Kontext mit einer zunehmend dynamisierten gesellschaftlichen Transformation nützlich sein können und zu wünschen sind. Das Recht und die rechtswahrende Justiz waren und sind zu allen Zeiten Angriffen durch politisch-ideologische Vereinnahmung und Instrumentalisierung ausgesetzt. Für das Schlusskapitel seiner Weltanschauungsschrift „Mein Kampf" wählte Hitler die Überschrift „Notwehr als Recht". Notwehr im Sinne von § 32 des Strafgesetzbuches ist die objektiv erforderliche, normativ gebotene und subjektiv vom Verteidigungswillen getragene Abwehrmaßnahme gegen einen gegenwärtigen rechtswidrigen Angriff. Mit der metaphorischen Instrumentalisierung des strafrechtlich definierten Notwehrbegriffs wollte Hitler allerdings nicht in einen rechtstheoretischen Diskurs über die konkreten Tatbestandsvoraussetzungen für einen anerkannten Rechtfertigungsgrund eintreten, sondern vielmehr bei evident fehlender Notwehrlage subsumtionslos die von ihm unverhohlen geforderte Aggression gegen innere und äußere „Gegner" des deutschen Volkes durch die Bezugnahme auf einen positiv konnotierten oder zumindest gesellschaftlich allgemein akzeptierten Rechtsbegriff verbrämen. Auch wenn das Rekurrieren auf ein Notwehr- oder Notstandsrecht zur Durchsetzung vermeintlicher

---

[94] In einem metaphorischen Sinne könnte man allerdings sagen, dass die Staatsanwaltschaft und auch die Gerichte, soweit sie auf der Grundlage des Amtsaufklärungsgrundsatzes tätig werden, die Aufklärungskompetenz des Feldjägerkorps und der Höheren Polizeischule analog tradieren.

Interessen des deutschen Volkes heute nur noch im bedeutungs-
losen politischen Extremismus virulent ist, so gilt dies nicht für
das grundsätzliche Argumentations- und Insinuationsmuster.
Allerdings wird der mit einem „Anscheinsnotstand" untersetzte
Gesetzesbruch nunmehr nicht als „Notwehr" zugunsten der
Volks- oder Nationalinteressen, sondern als „Nothilfe" zugunsten
von Migranten, des Weltklimas oder vermeintlich ungerechtfer-
tigt „Benachteiligter" gefordert. Wer jedoch als selbsternannter
„Aktivist", gleichgültig unter welcher Symbolik er agiert, gelten-
des Recht zugunsten eines subsumtionslos in Anspruch genommenen, übergesetzlichen „Notstandes" oder „Humanismus" negieren zu können glaubt, der legt die Axt an das Fundament der
repräsentativen Demokratie und ihrer staatlichen Ordnung. Wer
in politischer oder gesellschaftlicher Verantwortung stehend vor
solchem Aktionismus den Kotau vollzieht, fördert die Erosion der
staatlichen Ordnung nicht etwa „nur" durch Unterlassen, sondern
zumindest durch psychische Beihilfe.

Es würde von einem souveränen Umgang mit der außerge-
wöhnlichen Historie der Liegenschaft künden, wenn bis zum 200.
Jahrestag der Eröffnung des Gebäudes als Kaserne für die Schulabteilung am 1. April 2028 die Möglichkeit geschaffen würde, die
Genese am Standort angemessen reflektieren zu können. Insbesondere das Wirken der Juristen Luck und Lüninck erscheint für
die Justiz traditionswürdig. Die aktuellen Ausstellungen des
Landgerichts Potsdam zu den Auswirkungen von Gewaltherrschaft im Landgerichtsbezirk Potsdam sind wichtig und ver-
dienstvoll. Sie bedürfen aber komplementärer Ergänzung. Neben
einer institutionsbasierten Erinnerung [95] bedarf es auch einer
standortbasierten Erinnerung. Neben einer auf Verbrechen und
Opfer fokussierten und pädagogisch auf Abschreckung bauenden,
passiven Erinnerungskultur bedarf es auch einer an traditions-
würdiges Handeln anknüpfenden, aktiven und positiv konnotierten Erinnerungskultur. So wie das Christentum sich nicht alleine
über die Erbsünde definieren kann, sondern der frohen Botschaft
bedarf, werden auch die Gesellschaft, der Staat und seine Organe

---

[95] Das Landgericht Potsdam, auf dessen Historie die Ausstellungen beruhen, hatte vor
2008 keinen Bezug zu der Liegenschaft Jägerallee 10 - 12 in Potsdam.

sich nicht alleine über das Credo „mea maxima culpa" definieren können.

Ob nun die Liegenschaft Jägerallee 10 - 12 in Potsdam, auf der sich das heutige Justizzentrum befindet, auch als „Genius loci" für die Justiz angesprochen werden kann, mag jeder selbst beantworten. Auch wenn man das Inspirationspotential der Liegenschaft nicht derart begrifflich aufladen will, so wird man aber doch attestieren können, dass es sich selbst in einer historisch so reich gesegneten Stadt wie Potsdam um einen besonderen Ort handelt, der aufgrund seiner die gesamte Bandbreite der preußisch-deutschen Geschichte spiegelnden Bezüge zwar keine unmittelbaren Handlungsmuster bieten, wohl aber Leitlinien aufzeigen kann, die aus ihrer jeweiligen zeitgeschichtlichen Bindung extrahiert und im Hinblick auf die heutigen gesellschaftlichen Realitäten und Herausforderungen gewinnbringend reflektiert werden können.

QUELLEN- UND LITERATURVERZEICHNIS

Arlt, Klaus	Die Straßennamen der Stadt Potsdam, Geschichte und Bedeutung, 2. Aufl., Potsdam 2010
Baller, Kurt / Reinholz, Marlies	Das alte Potsdam des Prof. Dr. Hans Leopold Kania, Bd. 1, 2. Aufl., Magdeburg 2010
Baller, Kurt / Reinholz, Marlies	Das alte Potsdam des Prof. Dr. Hans Leopold Kania, Bd. 3, 2. Aufl., Magdeburg 2010
Bremm, Klaus–Jürgen	Preußen bewegt die Welt. Der Siebenjährige Krieg, Darmstadt, 2017
Burckhardt, Jacob	Weltgeschichtliche Betrachtungen, München 2018
Delbrück, Hans	Geschichte der Kriegskunst, „Das Mittelalter" und „Die Neuzeit" in einem Band, Erstauflage Berlin 1920, Nachdruck der Neuausgabe Hamburg 2006
Engelberg, Ernst	Bismarck. Sturm über Europa, München 2014
Entscheidungen des Bundesverfassungsgerichts	Studienauswahl (Hrsg. Jürgen Schwabe), 5. Aufl. Hamburg, 1991

Fein, Elke	Potsdam - Am Neuen Garten, Das Gefängnis in der „verbotenen Stadt" in: Von Potsdam nach Workuta. Das NKGB / MGB / KGB - Gefängnis Potsdam - Neuer Garten im Spiegel der Erinnerung deutscher und russischer Häftlinge, S. 31 – 43, Brandenburgische Landeszentrale für politische Bildung, 2002
Feldjäger Ehemaligentreffen	Online-Portal, Feldjäger-Geschichte, 2019
Fischer - Fabian, Siegfried	Preußens Gloria. Der Aufstieg eines Staates, Locarno 1979
Fontane, Theodor	Der deutsche Krieg von 1866 in zwei Bänden, Neuausgabe Berlin 2006
Herget, Elisabeth / Busch, Werner	Fasanerie in Reallexikon zur Deutschen Kunstgeschichte, Bd. VII, München, 1975, fortgeführt als Online - Plattform, RDK Labor
Herre, Franz	Bismarck. Der preußische Deutsche, Köln 1991, Lizenzausgabe Düsseldorf 2014
Hirschberger, Johannes	Geschichte der Philosophie in zwei Bänden, Freiburg, 1949 - 1952, Neuauflage Freiburg 1980

Horvath, Carl Christian	Potsdams Merkwürdigkeiten, beschrieben, und durch Plans und Prospekte erläutert, Potsdam 1798
Klausa, Ekkehard	Vom Bündnispartner zum „Hochverräter". Der Weg des konservativen Widerstands-kämpfers Ferdinand von Lüninck, in Westfälische Forschungen, Band 43, S. 530 – 571, Münster 1993
Kluth, Hans	Quo vadis? Eine Frage an das Zentrum - Gedanken und Betrachtungen eines alten Katholiken in Gelbe Hefte, VIII. Jahrgang, II. Halbband, München 1932
Krumeich, Gerd	Die unbewältigte Niederlage. Das Trauma des Ersten Weltkrieges und die Weimarer Republik, Freiburg, 2018
Lambrecht, Rainer	Von der Kaserne zum Behördensitz. Aus der Geschichte einer Militär- und Polizeiunterkunft In Potsdam-Eiche, Potsdam 2010
Manger, Heinrich Ludwig	Baugeschichte von Potsdam in drei Bänden, Berlin 1789, Nachdruck Leipzig 1987
Möckelmann, Reiner	Franz von Papen. Hitlers ewiger Vasall, Darmstadt 2016

Möhring, Peter   Ferdinand Freiherr von Lüninck in

Westfälische Lebensbilder, Band 17,

S. 60 – 102, Münster 2005

Naetebusch, Paul   Mein Potsdam, Potsdam 1925,

neu herausgegeben von Kurt Baller und

Karl Heinz Bretschneider, Barleben 2014

Potsdam – Chronik   Quellensammlung (digital), begründet von

Dr. Volker Punzel

Rautenberg, Erardo C.   Die deutsche Staatsanwaltschaft: „Objektivste

Behörde" mit viel Macht, aber geringem Ansehen

- Was ist zu tun?, Deutsche Richterzeitung 2014,

S. 214 ff.

Schobeß, Volker   Das Kriegshandwerk der Deutschen.

Preußen und Potsdam 1717 - 1945,

Band I, 3. Aufl., Berlin 2017

Schobeß, Volker   Das Kriegshandwerk der Deutschen.

Preußen und Potsdam 1717 - 1945,

Band II Fotos und Dokumente, Berlin 2017

Schobeß, Volker   Potsdam und sein Militär im 19. und 20.

Jahrhundert, Berlin 2018

Schoeps, Hans – Joachim   Preußen. Geschichte eines Staates,

Berlin 1966, Lizenzausgabe Hamburg 2019

Schoppmeyer, Heinrich

Lorenz Jaeger in Westfälische Lebensbilder,
Band 17, S. 185 - 202, Münster 2005

Schultze - Rhonhof, Gerd

1939 Der Krieg, der viele Väter hatte. Der lange
Anlauf zum Zweiten Weltkrieg,
6. Aufl. München 2007

Schulz, Paul Alexander

Paul Schulz (1898 – 1963) Oberleutnant a.D.
Kurzbiographie (online), 2010

Versen, Friedrich Leopold von

Geschichte der Unteroffizierschule in Potsdam,
Berlin, 1899

Volz, Gustav Berthold

Historische und militärische Schriften
Friedrichs des Großen, Berlin 1916,
Nachdruck Paderborn 2012

Wikipedia

Die freie Enzyklopädie (online), Einträge zu:
- „Garde-Jäger-Bataillon (Preußen)
- „Ludolf von Luck"
- „Reitendes Feldjägerkorps"
- „Sturmgeschütz-Abteilung 243 /
  Sturmgeschütz-Brigade 243"

Zippelius, Reinhold

Rechtsphilosophie, 2. Aufl., München 1989

Zeitfracht Medien GmbH
Ferdinand-Jühlke-Straße 7
99095 Erfurt, Deutschland
produktsicherheit@kolibri360.de